中国历史文化名城·名镇·名村全书

中国民间文艺家协会　组织编写

总主编　罗　杨　撰稿人　寸云激

喜洲

中国名镇·云南

知识产权出版社

全国百佳图书出版单位

《中国历史文化名城·名镇·名村全书》
总编委会

总顾问：冯骥才

总主编：罗　杨

执行总主编：白光清　周燕屏　刘德伟

《中国历史文化名城·名镇·名村全书》大理白族自治州卷编委会

顾问：尹建业　梁志敏　何金平　何　华　张文勋　杨亮才

主任：洪云龙

主编：赵济舟　赵寅松

副主编：和生弟　王峥嵘　杨子东

编委（按姓氏笔画为序）：

丁达贤　寸云激　马克伟　王　伟　代罗新　石维良

孙　蕊　刘纯洁　李　公　何尹全　吴兰香　宋宏丽

严春华　张建平　张　笑　张云霞　杨伟林　杨建伟

杨海青　赵　敏　赵润琴　赵克选　赵树兴　施立卓

主办：大理白族自治州白族文化研究院

协办：大理白族自治州文化局

大理白族自治州文学艺术界联合会

大理白族自治州白族学会

《中国名镇·云南喜洲》

本书撰稿：寸云激

本书摄影：寸云激　杨伟林

英文翻译：张如梅

村落记忆的瑰丽画卷（代总序）

"竹篱茅屋趁溪斜，春入山村处处花。"苏东坡描写出的是一幅多么富于诗情画意的美好景致。青山翠竹、粉墙黛瓦，牧笛山歌、蛙声蝉鸣。我们的祖先曾经就是如此诗意栖居，神话般生活。这种农耕文明的恬美情境，至今保留在山清水秀、文化灿烂的历史名村名镇，是祖先遗馈给我们的一笔丰厚精神遗产，也是中华民族优秀传统文化得以流传的血脉并给我们留下美好记忆的精神家园。在经济高速发展、城市化进程汹涌而来的今天，守护和保护好每一处名村名镇，就意味着守护好我们的精神家园，这是民族赋予民间文艺工作者的历史责任。

人类文明的进化不能没有积累和继承，历史的车轮可以碾过如梭的岁月，但不应拆毁我们心灵回归故里之路。作为我们精神故里的每个古村落是一个自然的社会单元，也是物质与文化的综合体，是民族民间文化的重要载体，是不可再生的文化资源，是民族文化复兴的重要源泉。古村落是中国传统"天人合一"的人生观和自然观产生的居住方式，具有深厚的历史积淀和文化底蕴，是祖先长期适应自然、利用自然的见证。它如同一部历史教科书，记录和镌刻着我们民族的文化基因和历史记忆；如同一条历史长河，至今滋养着中华儿女的心田。古村落不仅仅是一个地点和空间，而且保存着年轮的印痕和光阴的故事，它曾以五千年文脉涵养了一个泱泱中华。梁漱溟曾经说过：中国新文化的嫩芽绝不会凭空萌生，它离不开那些虽已衰老却还蕴含生机的老根——乡村。

完整的古村落不仅包括民宅建筑、桥梁、庙宇、祠堂、古树、亭台楼阁、古戏台、碑廊等丰富的物质文化遗产，同时还应包括与之密切关联的各种民俗、生产生活、婚丧嫁娶、民间信仰崇拜以及民间神话、民间故事、民间谚语和歌谣等口头的、无形的民间艺术、民间戏剧、民间音乐、民间舞蹈、民间工艺制作等非物质文化遗产。理解古村落就可以理解中国文化的民族密码和历史细节，读懂古村落就可以读懂民间文化的百科全书。中国文化遗产的丰富性留存在古村落里，中国非物质文化遗产的精华闪烁在古村落里，中国文化的多样性散落在古村落里，中国民间文化的独特魅力汇聚在古村落里，中华文化的根脉深深扎在古村落里。冯骥才先生曾说：中国最大的物质遗产是万里长城，最大的非物质文化遗产是春节，最大的物质和非物质文化遗产就是古村落。

在历史面前我们应该是虔诚的，在文化面前我们应该是卑恭的，在故土面前我们应该是敬重的。人类在社会发展的进程中曾经付出过惨痛的代价，历史的经验告诉我们，很多美好的东西只有当失去时才发现它的宝贵。在城市化的过程中，我们曾经失去了很多充满温馨、充满诗意的村庄，是鳞次栉比的水泥森林再次唤醒了人们对古村落的重新认识。田园牧歌式的居住不仅是古人的生活理想，更是当代人的精神诉求，我们在渴望享受现代城市文明的同时，也渴望留住那些曾经养育了我们祖辈，温暖了我们心灵的原生态、多样性的古村落。

保护与开发永远是一对矛盾，是把古村落作为文化基因完整地加以保护，还是作为生财之道尽快地开发赚钱，这是摆在我们面前亟待解决的重要课题。古村落是一个完整的生命体，有自己的外形和内核，有自己的精神和灵魂。保护古村落，绝不能被动地对抗岁月的磨蚀，而应更加注重对古村落人文生命的挖掘与扬弃。因此，对古村落的保护、建设和开发一定要按规律办事，切忌在开发和建设中造成不可补救的破坏，使历经浩劫而幸存的古村落在不当开发中消亡。各级政府在古村落保护过程中，应本着高度的文化自觉，以历史的情怀、超前的眼光、长远的规划和持之以恒的决心，注重其文化内涵的活态传承，正确地面对历史与现实，正确地处理经济与文化，正确地看待遗产与利益，正确地评判政绩与公益，寻找出一个适合中国国情的古村落保护与发展的两全之策，逐步建立起科学有效的古村落传承保护机制，从而不断增强古村落的魅力和生命力，找回那种"倚杖柴门外，临风听暮蝉"的美好诗意。

有鉴于此，中国民间文艺家协会携手知识产权出版社在烟波浩渺的古村落中撷取出极具代表性的名村名镇，结集推出《中国民间文化遗产抢救工程——中国历史文化名城·名镇·名村全书》，力图用文字和图片把这些岌岌可危的古村落的精华如实完整地记录下来，让我们的读者和后人带着享受的心情，踏上回归精神故里寻古探幽的旅程，感受乡土的温暖与润泽，欣赏"茅舍槿篱溪曲"、"门外春波荡绿"的美好画卷，体味精神家园的馨香。

中国民间
文化遗产
抢救工程

THE PROJECT TO CHINESE
FOLK CULTURAL HERITAGES

关于大理『三名』（名城·名镇·名村）保护问题（代序）

　　自然遗产、文化遗产都是先人留下的不可再生的宝贵资源，后代子孙与我们享有同等的权利，这就是代际公平。将这份遗产尽可能完整地留给后代，是我们这一代人义不容辞的责任。中国是世界上文明诞生最早的国家之一，有几千年的文明史。中国各族人民以高度的智慧和创造力，创造了光辉灿烂的中国文化。城镇是一个国家、一个民族从不文明走向文明的标志之一。在四大文明古国中，中国是唯一文化没有断流的国家。我国众多的名城、名镇、名村就充分说明了这一点。分布在神州大地上星罗棋布的名城、名镇、名村既是物质文化，也是非物质文化。但是，毋庸讳言，在当前现代化、城镇化的过程中，很多历史文化名城、名镇、名村遭到了严重的破坏，有不少古村落的原貌已荡然无存，即使遗留下来一少部分，也都面临文物建筑被损毁、文化遗迹被侵蚀、传统文脉被割断、文物原生态环境被瓦解或乱开发的命运，许多珍贵的历史文化遗存一去不复返。这是一个十分严峻和亟待解决的问题。

　　为了让广大读者更多更好地了解我国"三名"——名城、名镇、名村的遗物遗址、文物古迹、风景名胜、掌故传说和时代风貌，同时更好地保护它们，中国民间文艺家协会和知识产权出版社联袂推出中国民间文化遗产抢救工程——《中国历史文化名城·名镇·名村全书》。这是一项功在当代，利在千秋的善举，值得关注。

　　解读大理的历史，洱海东部宾川发现的白羊村新石器遗址，是云南迄今发现最早的新石器文化遗址，距今已有四千多年。出土文物说明，白羊村遗址是一个典型的以稻作农业为主的长期定居的村落遗址。剑川海门口文化遗址出土的夏代晚期青铜器开启了云南青铜文化的先河。在此基础上，汉置郡县，魏晋南北朝时期的"白子国"，唐初合六诏（有说八诏）为一，最终形成了包括云南全省以及川黔部分地区在内的，几乎与唐宋相伴始终，绵延五百多年的南诏、大理国。

　　南诏、大理国政权的建立，结束了云南历史上部族纷争的混乱局面，将云南历史大大向前推进了一步，对中华民族的形成和伟大祖国的统一作出了重大贡献。

　　历史因时间而悠远，文化靠积淀才厚重。悠久的历史成就了大理众多的文物古迹。大理历史文化名城、名镇、名村很多，本次只收录了其中的一部分。它们比较集中地展示了大理历史文化的精华。

　　大理悠久的历史，厚重的文化，与大理得天独厚的区位优势息息相关。根据学者们研究，先于西北丝绸之路两百多年，在祖国西南也有一条重要的"丝绸之

中 国 历 史 文 化 名 城 · 名 镇 · 名 村 全 书　**代序**

路"，即"蜀身毒道"。还有经大理达西藏的"茶马古道"，从大理到安宁南下出海的"步头路"，奠定了大理滇西交通枢纽的历史地位。今天，大理同样是同时拥有民航、铁路、高速公路因而四通八达的民族自治州。便捷的交通使大理能够广泛吸纳中外文化精华，故而人文蔚起，薪火相接，代有名流；里巷传仁德之懿，父老有述古之风，享有"文献名邦"的美誉。秀美的山川、灿烂的文化与悠久的历史相得益彰，无疑是建设幸福、美丽大理的根脉，也是大理吸引中外游客纷至沓来的魅力所在。

靠文化扬名，提高品位；靠文化发展，一兴百兴。在这一点上，大理的经验值得借鉴。当前，保护"三名"已进入攻坚阶段，各级政府都纷纷出台保护办法，但还不够，必须加大宣传，增强人民群众对"三名"保护意识的自觉性。历史文化是人民创造的，也要人民来保护。正因为如此，我们便自告奋勇地承担了《中国历史文化名城·名镇·名村全书》大理白族自治州12卷的编撰任务。近两年来，大理白族自治州白族文化研究所联合州级文化部门，在大理州委、州人民政府的大力支持下，团结和依靠热心文化事业的有识之士，群策群力，完成了编撰任务。

参加本次编撰工作的既有年过七旬的学者，也有正当盛年、承担着繁重日常工作的中青年新秀，但他们都怀着对历史负责、为子孙谋福的崇高理念，攻坚克难，争分夺秒，或多次深入所承担的地区开展田野调查，走访熟悉地方历史文化的有关人士；或沉迷于史籍档案，考稽钩沉，运用文字和照片，将各城、镇、村的山川名胜、人文历史、文物古迹、文学艺术、民风民俗、风物特产真实地记录下来，最大限度地将各地文化精华展示给广大读者。同时，各卷密切联系实际，对名城、名镇、名村的保护提出了意见和建议。

雄关漫道真如铁，而今迈步从头越。历史的辉煌值得自豪，更是留给每一个当代人的一份沉甸甸的责任，守望好这片热土，再创新的辉煌，在各自不同的岗位上，作出能够告慰先人、无愧后人的业绩，应该是每一个大理人不懈的追求。相信这套丛书能在大理各族人民建设幸福、美丽大理中进一步增强民族文化自觉，留住集体的文化记忆。

赵寅松

2013 年 3 月

目录

中国名镇·云南
喜洲

Contents

喜洲

中国名镇·云南

中国文化遗产的丰富性存留在古村落里，中国非物质文化遗产的精华闪烁在古村落里，中国文化的多样性散落在古村落里，中国民间文化的独特魅力汇聚在古村落里，

中华文化的根脉深深扎在古村落里。中国文化遗产的丰富性存留在古村落里，中国非物质文化遗产的精华闪烁在古村落里，中国文化的多样性散落在五千年

中国名镇·云南

喜洲

在大理乃至云南的村镇中，喜洲都是独一无二的。1941 年，因战火辗转到大理访友的老舍先生，一到喜洲之后，疲惫的心情立刻就消失了。他在《滇行短记》中写道：

喜洲镇却是个奇迹。我想不起，在国内什么偏僻的地方，见过这么体面的市镇，远远地就看见几所楼房，孤立在镇外，看样子必然是一所大学。我心中暗喜，到喜洲来，原为访在华中大学的朋友们，假若华中大学有这么阔气的楼房，我与查先生便可以舒舒服服地过几天了。及仔细一打听，才知道那是五台中学，地方上士绅捐资建筑的，花费了一百多万，学校正对着五台高峰，故以五台名。

一百多万！是的，这里的确有出一百多万的能力。看，镇外的牌坊，高大，美丽，通体是大理石的，而且不止一座呀！

进到镇里，仿佛是到了英国的剑桥，街旁到处流着活水；一出门，便可以洗菜洗衣，而污浊立刻随流而逝。街道很整齐，商店很多。有图书馆，馆前立着大理石的牌坊，字是贴金的！有警察局。有像王宫似的深宅大院，都是雕梁画栋。有许多祠堂，也都金碧辉煌。

不到一里，便是洱海。不到五六里便是高山。山水之间有这样一个镇市，真是世外桃源啊！

能得到老舍先生的赞誉，喜洲当然有不同凡响的地方。作为国家级的历史文化名镇、全国重点文物保护单位、大理民族文化的乡村博物馆、白族商帮的发祥地之一，喜洲悠久的历史、秀美的风光、发达的商业、杰出的人才、独特的民间工艺和丰富多彩的节俗活动，已使之成为白族文化最重要的荟萃地。从这个意义上说，了解了喜洲，便了解了白族的文化。

苍山初雪

洱海

古镇春秋

中国民间
文化遗产
抢救工程
THE PROJECT TO CHINESE
FOLK CULTURAL HERITAGES

历史沿革

喜洲位于大理市北部，距大理白族自治州首府所在地下关 32 公里，西靠苍山五台、沧浪、云弄三峰，东临洱海，南与大理市湾桥乡相连，北至龙首关与洱源县毗邻，南北长约十二公里，东西宽约六公里，总面积 161 平方公里。214 国道与大丽公路从境内穿过，洱海有船只通航，水陆交通方便。喜洲地处平坝，平均海拔 1990 米，气候温和，"寒止于凉，暑止于温"。据 2000 年统计，总人口 61715 人，有白、回、汉等 15 个民族，其中白族占总人口的 87.81%。喜洲镇下辖 13 个村民委员会，55 个自然村，169 个村民小组。

喜洲，古称史城，又称大厘城，有乡人则谓其为"唐蒙宋段古都地"。唐代樊绰《蛮书》云："大厘城，南去阳苴咩城四十里，北去龙口城二十五里，邑居人户尤重，盛逻皮多在此城。"明代李元阳《嘉靖大理府志》也说："德宗兴元元年（784），异牟寻迁居史城。"文中所言盛逻皮、异牟寻二人，一为南诏第三代王，一为第六代王，而大厘城、史城就是今天的喜洲。由此看来，所谓"唐蒙宋段古都地"的说法也是有依据的。其实，只要认真探求，喜洲的历史就可以上溯得更早。

根据洱海周边考古发掘的材料，可知早在新石器时代，喜洲等地即有人类居住，从事农业、渔业、狩猎、采集等生产劳动。自秦汉以来，喜洲所处的洱海区域在大多数时段里都处在我国中原王朝的管辖范围内，在政治、经济、文化等各方面与内地保持着密切的联系。西汉元封二年（前 109），汉武帝刘彻在云南设立益州郡，喜洲即在郡属之叶榆县。东汉永平十二年（69），明帝刘庄在益州郡的基础上增设永昌郡，喜洲仍属叶榆县。

明代状元杨慎曾在《游点苍山记》中写道："余自为僇人，所历道途，万有余里，齐、鲁、楚、越之间号称名山水者，无不游。已乃泛洞庭，踰衡庐，出夜郎，道碧鸡而西也。其余山水，盖饫闻而厌见矣！及至叶榆之境，一望点苍，不觉神爽飞越。比入龙尾关，且行且玩，山则苍龙叠翠，海则半月拖蓝。城郭奠山海之间，楼阁出云烟之上。香风满道，芳气袭人。余时如醉而醒，如梦而觉，如久卧而起作，然后知吾向者之未尝见山水，而见自今始。"对大理山水给予了很高评价。今日文人墨客常将大理、喜洲一带称为"叶榆"，追溯其源还在两汉郡县之设。

由于两汉对西南地区的经营，在此后三国、两晋至南北朝的三百多年里，喜洲基本上被中原王朝所控制。公元六世纪，随着爨氏等地方势力的不断增强，洱海区域开始成为诸多势力竞相逐鹿的场所。隋开皇间，史万岁等重新进入云南西部，两汉郡县之置又才得以短暂恢复。史万岁，《隋书》卷五十三有传，云其好读兵书，兼精占候，在平定南宁州爨翫的叛乱中，"渡西二河，入渠滥川，行千余里，破其三十余部"，功勋卓著。西二河，即西洱河，为今大理一带。民间相传史万岁曾驻兵喜洲，故喜洲又名"史城"。时至今日，喜洲仍有名为"史城聚真金会"的洞经古乐会，民间所藏族谱中亦多有如《大理史城张氏族谱》者，可见"史城"之称在喜洲当地非常普遍。

唐朝初年，大理一带分布着以蒙舍诏、邓赕诏等六诏为首的众多部族。开元二十六年（738），在唐王朝的扶持下，蒙舍诏击灭了其余五诏，建立起统一的南诏政权。南诏立国后，内外局势均不稳定，为巩固刚刚建立的政权，它迅速在其统治的核心地区设立了太和、蒙舍、赵州、史睑等六睑。睑相当于内地的府，是极为重要的战略城市，六睑中的史睑，其城便在喜洲一带。自此，喜洲作为洱海区域最主要的邑聚之一，历经大理国、元、明、清各代，在大

<pre>
    2 3
  1   4 5
</pre>

1.延熙十年铭文砖拓片
2.元康五年铭文砖
3.弘圭山西晋元康五年砖室墓
4~5.古碑

理地区的发展中一直充任着重要角色。

　　清末至民国初年，喜洲商业之风大炽，经过十数年的努力，其商帮已叱咤于云、贵、川、藏等省及东南亚诸国，并出现了以四大商帮为首的商业巨擘，一时间喜洲之名声大噪。由于有雄厚的经济实力作为后盾，喜洲人建学校、办医院，改良社会风气，倡导新式生活，俨然成为地方领袖。

　　喜洲是大理开发较早的地区，不仅在白族发展史上占有重要的位置，而且还是大理国段氏的发祥地。民间传说，大理国的开国之主段思平就是喜洲人。南诏后期，政局紊乱，篡变迭起，国号屡更。唐昭宗天复二年（902），权臣郑买嗣灭南诏，建立大长和国。后唐天成三年（928），杨干贞以赵善政取代郑氏，建立大天兴国；翌年，杨干贞废赵善政，建立大义宁国。杨干贞篡位后，贪虐无道，怨声载道，人神共愤。时任通海节度使的段思平与滇东三十七部结盟，

起兵讨伐杨干贞，逐杨自立，于后晋天福二年（937）建立
大理国，改元文德，建都阳苴咩城。段思平承袭南诏疆域，
奉行和平、睦邻友好的政策，又减赋税，轻徭役，休养生息，
深得民心。

　　大理国传王二十二代，历时三百一十六年，是云南历
史上难得的稳定发展的时期。段思平笃信佛教，年年建寺，
不仅形成了叶榆三百六十寺的盛况，也使得佛教成为影响
大理国政治文化的重要因素。纵观大理国，先后有九位国
王禅位为僧，成为我国历史上绝无仅有的现象。经过金庸
先生的演绎，大理段氏的故事随着《天龙八部》等小说的
传播，已为海内外广大华人所熟知，而喜洲也成为著名的
旅游地。

名家大姓

喜洲是以白族聚居为主的村镇。白族是一个有着悠久历史和文化的民族，在形成和发展的过程中，她亲仁善邻，广泛学习和吸取周边汉文化、西藏文化、印度文化、南亚文化中的先进成分，不仅创造了极富地域特色的民族文化，并且为中国统一多民族国家的形成与发展，做出了杰出的贡献。

关于白族族源的问题，民间有不同的传说，学术界也曾有过热烈的讨论。目前，学界大多数专家、学者认同"多族融合"的观点。如，2008 年修订版的《白族简史》认为，滇僰、叟、爨（西爨白蛮）是汉、唐间白族先民的主体族，但在其发展和形成的过程中，除洱海地区古代各族互相同化或融合外，还同化或融合了大量的汉族和其他各族。从近年大理银梭岛遗址的考古新发现来看，洱海地区在距今五千年左右的新石器时代，到距今两千五百年左右的春秋战国时期，均有人类频繁的活动，这或成为其后白族民族共同体形成的重要基石之一。此外，从白族文化与川、楚等地文化长期而密切的联系看，亦不难找出有僰、叟诸部族的文化成分在，这也从一个侧面说明，白族在形成与发展过程中具有异源同流、多族融合的特征。

就喜洲白族的形成与发展而言，则与唐初聚居于洱海地区的"西洱河蛮"有密切的关系。唐梁建芳《西洱河风土记》，对当时"西洱河蛮"的社会状况有较为详细的记载，云："其地有数十百部落，大者五六百户，小者二三百户，无大君长，有数十姓，以杨、李、赵、董为名家。各据山川，不相役属，自云其先本汉人。有城郭村邑，弓矢矛铤，言语虽小讹舛，大略与中夏同。有文字，颇解阴阳历数。"这些所谓的"名家大姓"的后裔，就是今日喜洲白族最主要的组成部分。

一中国名镇·云南喜洲

喜洲白族大姓，对家族的繁衍与发展非常重视，他们不仅建盖祠堂、修订家谱，甚至在民居大门和照壁上题写代表姓氏的文字，如"清白传家"（杨姓）、"琴鹤家声"（赵姓）、"百忍家风"（张姓）等，借用中国历史上著名人物的典故，以昭示其为"名家大姓"的尊贵身份。

清白传家

　　杨姓，取自东汉杨震的故事。据《后汉书》记载，杨

清白传家

震曾举荐荆州人王密为昌邑令，王为了表示感谢，在夜里"怀金十斤遗震，震曰：'故人知君，君不知故人，何也？'密曰：'暮夜无知者。'震曰：'天知、神知、我知、子知，何谓无知？'"还有一次，杨震的故旧长者欲令为开产业，他不同意，说："使后世称为清白吏子孙，以此遗之，不亦厚乎。"史载，杨震的子孙常常"蔬食步行"，可见其家庭生活是十分节俭的。所谓"清白"指的就是杨震的公廉。

琴鹤家声

赵姓，取自北宋赵抃的故事。赵抃自幼便成孤儿，家境虽然贫寒，却始终以名节自励，其事迹在《宋史》及《梦溪笔谈》中都有记载，俱云为官清廉。宋神宗元丰七年（1084），赵抃因病逝世，苏轼破例为他写了一篇《赵清献公神道碑》，十分赞扬他的政绩和为人。"清献"是赵抃谥号，故赵抃又称为赵清献。苏轼《题李白时画赵景仁琴鹤图》亦云："清献先生无一钱，故应琴鹤是家传。"

百忍家声

张姓,取自唐代张公艺的故事。其事《旧唐书》有记载:"郓州寿张人张公艺,九代同居……麟德中,高宗有事泰山,路过郓州,亲幸其宅,问其义由。其人请纸笔,但书百余忍字。"张公艺深谙小不忍则乱大谋的道理,以"忍"治家处世,尝谕后人:"父不忍失慈孝,兄弟不忍失爱敬,朋友不忍失义气,夫妻不忍多竞争,能忍贫亦富,能忍寿亦永,古来创业人,谁个不知忍,不忍百祸皆云涌,一忍百祸皆灰烬。"俗话说"家和万事兴",故张姓以"百忍"为修身养性的原则。

邺架家声

李姓,指的是唐朝李泌家的情况。李泌是唐王朝平定安史之乱的大功臣,历肃宗、代宗、德宗三朝,官至宰相,封邺侯。李泌家学渊源,家中藏有图书二万余册,其父"戒子孙不许出门,有来求读者,别院供馔。"韩愈《送诸葛觉往随州读书诗》云:"邺侯家多书,插架三万轴。"故而李姓常以此来比喻家中藏书丰富,子孙以读书为乐,是典型的耕读传家、诗书传家。

三槐世第

王姓,取自北宋名相王旦的故事。王旦自幼聪慧过人,极为好学。二十四岁中进士,官大理评事,知平江县。历任中书舍人、翰林学士、兵部侍郎等职。景德二年(1005),迁尚书左丞,次年升工部尚书同中书门下平章事、集贤殿

大学士监修国史，官拜宰相。王旦为相十二年，深得宋真宗的信任和赞赏。据《宋史》记载：当年，王父曾手植槐树三株于庭，说："吾之后世必有三公者，此其所志也。"至王旦任宰相，其言终于应验。

水部家声

　　何姓，说的是南朝梁何逊之事。据《梁书·南史》记载，何逊，字仲言，东海郯城人，曾任尚书水部郎，掌管有关水道之政令，世称"何水部"。何逊很有才华，其诗、文与阴铿、刘孝绰齐名，当世有"阴何"、"何刘"之称。何逊、阴铿、刘孝绰三人都是南朝文坛领袖，其诗文一出，即被世人争相传诵。何逊工于炼字，其诗善于写景，有文集八卷，但早已遗失，惟明张溥《汉魏百三家集》辑有《何水部集》一卷。

六一家声

欧姓，取自北宋著名文学家、史学家欧阳修的故事。欧阳修，字永叔，号醉翁、六一居士，吉州吉水人。主张文章应"明道、致用"，为北宋古文运动的领袖。其散文说理畅达，抒情委婉，为"唐宋八大家"之一，有《欧阳文忠公集》传世。曾与宋祁合修《新唐书》，并撰《新五代史》。又喜收集金石文字，编为《集古录》，对宋代金石学颇有影响。"六一居士"是欧阳修晚年的自号，他说："吾《集古录》一千卷，藏书一万卷，有琴一张，有棋一局，而常置酒一壶，吾老于其间，是为六一。"

从这些题字不难看出汉文化对白族文化影响之深，而这种影响也使得许多研究喜洲的学者认为，这是一个"汉民的社会"。由于只看到了喜洲白族文化的一个侧面，其观点难免以偏概全。实际上，只要对考古学、民族学、语言学的资料进行认真分析，喜洲社会文化中的"白族"元素是再清晰不过的。

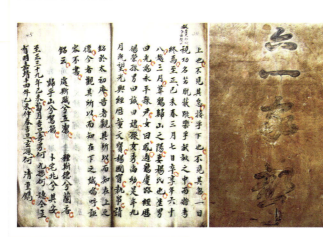

1
2　3

1. 三槐世第
2. 何氏族谱
3. 六一家声

街巷格局

传统上，喜洲地区共包括十六个村落。究其范围，民间则有"市上城沙、寺和河江、庆凤朝阳、城珂江院"之说。在这些村落中，喜洲古镇当然是政治、经济和文化的中心，就从街巷格局来看，也比其他村落要规整得多，虽然四周没有城垣或寨墙，但东、西、南、北四面都有大门，就像一座小小的城池。

正义门位于西面，原是一道木制的栅门，民国初年，经乡绅出资才改建为砖砌券门、重檐歇山顶的楼阁式建筑。当时，正值蔡锷等人在昆明发动反对袁世凯卖国独裁的"护国运动"，喜洲人心系国家命运，就将此门命名为"正义门"，以表示对省城首义的声援。

在喜洲旧存的三道西门中。正义门因为位置居中，又是极为醒目的建筑，所以一直被视为整个古镇的门面。为了装点这一门面，喜洲人特意在墙上镶嵌了写有"明儒杨

正义门

弘山先生故里"的大理石碑，来宣扬自己的文化传统。杨弘山，即明代喜洲著名白族学者杨士云。在喜洲人眼里，杨士云可是位极其非凡的人物。他自幼家贫，却甘贫自乐、勤奋好学，十四岁便中了秀才，二十五岁时参加云贵乡试又考了第一。步入仕途后，他因不满官场恶习而乞老还乡，隐居于大界巷"七尺书楼"潜心著书，不仅成为当时儒林的领袖，其气节、精神亦为乡人所重，是后世喜洲人一直引以为荣和效仿的典范。

正义门前是大理至丽江的公路，往来游客众多。在那些到喜洲访古问俗的观光客中，厚实简朴的正义门与门内那棵枝繁叶茂的大青树一样，都是细心书写喜洲印象的标志性景观。大青树高入云天，经历漫长的岁月，盘根错节，根深叶茂，郁郁葱葱，树上栖息着许多白鹭，不仅成为古镇悠久历史的见证，同时也是喜洲白族住居生态文化的象征。

十皇殿

"明儒杨弘山先生故里"大理石碑

村巨民富，又有庞杂的宗教信仰，就免不了要建盖众多的寺观和庙宇。在大理地区，地处洱海西岸的白族村落总是把巍峨的苍山当做屏障，并视西方为最尊贵的方位。受此种认识支配，人们常将寺庙等重要建筑安置于村落的西部，喜洲自然也不例外。正义门一带，分布着大小寺庙六处，是镇内崇祀建筑最为集中的区域。实际上，除具备进出、防卫的功能外，正义门就一直被作为魁星阁使用着。由于二楼祀有主宰天下文章的魁星，所以，这里还是旧时读书人科举应试前必至的地方。如今，为了在中考、高考取得满意的成绩，也有不少学生在家长的要求下来到这里，献上香烛和表文，毕恭毕敬地向魁星老爷祷告祈求一番。

正义门周围的崇祀建筑集中在两个院落里。北面院落有二座寺庙，都是三开间、歇山顶的殿堂式建筑，形式含蓄内敛，地方特点鲜明。坐西朝东者称为"十皇殿"，内祀地藏菩萨、十殿阎罗等一众地府神祇，布置得甚为森严；坐北朝南者称为"妙元祠"，所祀神祇虽然略少，但因其同时供奉有"史城城隍"和"妙元本主"两位主神，故而在威势上亦丝毫不弱。城隍信仰在我国十分普遍，大凡府、县均有所祭，但是，像喜洲这样能够单独祀奉城隍的村落却不多见，由此也可看出喜洲在大理地区的特殊地位。东南面院落共有三座寺庙，俱坐西朝东纵向排列，喜洲人称之为"紫云山"。此名起于何时、有甚含义至今已不可详考，惟院内各庙栋宇依旧，神像尚存，几支香火仍旧日复一日地传递着村民的祈祷和愿望。从建筑的风格特征来看，紫云山内的庙宇大抵建于清代，但形式和所祀神祇却不完全相同。位于西面者，三开间，重檐歇山顶，祀北斗众星之母，称为"斗姥阁"；位于东面者，三开间，单檐歇山顶，祀三国名将关云长，称为"关帝庙"；位置居中者形制稍异，为三开间、悬山顶的建筑，祀文昌帝君、观音老爹及太上老君，称为"三圣殿"。此"三圣"分别为儒、释、道三教的代表，喜洲人将其供在一处是为了表示"三教合一"的意思。当然，这也从一个侧面反映了白族在文化信仰上兼容并蓄、海纳百川的态度。

市上街

正义门向东是一条整洁的街道，街名"市上"，有着很深的巷子，一眼望不到头。街道两侧粉墙鼎鼎、黛瓦鳞鳞，分布着数十院民居。这些院落有良好的规划，并经过细心建造，使用中如果产生损坏，院子的主人又总会想方设法给予不同程度的修缮，因此，有的虽然经历过上百年风雨，但屋面和墙体却显得完好如新。这时，只有走进一方古朴的小院，看看屋檐下那发黄的门窗和室内昏暗的家具，才会让人想到这还是一个有着悠久历史的古镇。

与市上街相连的是"四方街"。在大理地区，规模较大的白族村落于村内中心区域大都设有一方形广场，广场不论大小，俱以"四方街"名之。喜洲四方街算是较大的，其面积比排球场还略宽一些，作为古镇最热闹的几个去处之一，这里聚集了不少商贩。如果说古董摊上虫蚀斑斑的古字画和线装书昭示了喜洲的士风人文，那么，各种独具地方特色的风味小吃则反映出喜洲人的富庶和对生活的享受。在诸多小吃中，最有名的是人称"喜洲破酥"（喜洲粑粑）的烤饼，它选料精致，以铁盘盛炭火上下烘烤而成，不仅色泽诱人，而且香酥可口，在云南各地可谓家喻户晓。四方街还是古镇传播消息的重要平台，在街心高高矗立的石坊下，国家要闻、乡野故事在人们不经意的相遇闲谈中日复一日地传动着。人聚人散，古镇的生活便生动了起来。

四方街之北是"市坪街"。由于集中了古镇大多数的宗祠，故与喧闹的四方街相比，这里要安静许多。宗祠有三处，

皆坐西朝东位于街道西侧，由南向北依次为"尹氏宗祠"、"杨氏宗祠"及"董氏宗祠"。尹、杨、董三姓自唐、宋以来一直是大理白族的名家大姓，族中子弟历代为官吏、商贾者极多，在地方事务中拥有很大话语权，故几座宗祠都建得端正大方，精美异常。20世纪中叶，这些宗祠遭到人为破坏，多数建筑被废弃拆除，剩下的也大都挪为他用。尹氏宗祠成为铁匠铺，杨氏宗祠成为印刷厂，董氏宗祠也被当作了打谷、晒粮之所。进入残破的院落，看到檐下丝丝缕缕挂着的蛛网，不禁让人涌出"千秋遗迹斜阳里，到此方教感慨生"的情绪。这丝阴郁缠绕在心头，直到古镇北门附近，又才逐渐散去。在市坪街与大丽公路的交汇处，村民们新建了一座高大华丽的牌门，感受着周围麦浪送来的清风，喜洲阳光的气息才又重新弥漫开来。

　　四方街向南是富春里与市户街，富春里居西，市户街

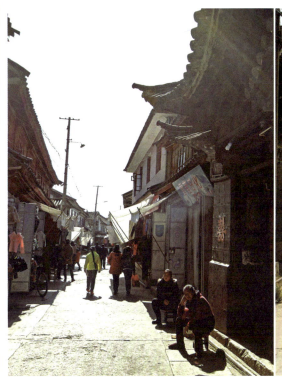

居东，市户街以南则是彩云街。富春里是喜洲商帮严氏家
族的主要聚居地。严氏经商发达之后，为进一步提高社会
身份，着力宣扬自己是东汉著名隐士严子陵之后。严子陵，
名光，年轻时游学长安，结识了刘秀等人，刘秀称帝后，
曾招其至京授以官职，他辞而不受，隐居于浙江桐庐富春
江畔。范仲淹任睦州知州时，曾写了一篇《严先生祠堂记》，
赞扬他"云山苍苍，江水泱泱，先生之风，山高水长"。此后，
严子陵便以"高风亮节"闻于天下，成为历代文人钦慕的
对象。如此看来，喜洲严家以"富春里"为街名，则有标
榜自己乃名士之后、非唯利是图之商贾的含义在。市户街
和彩云街都是古镇商贩云集的地方，尤其是市户街，每日
里人来人往，较之四方街还要热闹些。彩云街名取"彩云
南现"之意，街头是古镇南门，由此向南可达坡头、寺上
等村落。

与市户街、市坪街相连的除了四方街和彩云街外，还有东面纵向排列的三条街道：染衣巷、大界巷和市下街。市下街位于北侧，道阔人稀，两侧整齐的民居虽不易让人看出它的特异来，但古镇最大的本主庙却隐藏于此。本主崇拜是白族特有的一种民间信仰，其性质特点与内地常见的社神有几分相似。市下街本主庙历史悠久，至迟在明代就已出现。明正统三年（1438）喜洲弘圭山《故宝瓶长老墓志铭》即有："有土主九堂神，甚有雄威，往来惊异，题诗止之"的记载，九堂神指的就是本主庙的九位本主。这些本主身份复杂，既有历史和民间传说的人物，也有佛道神祇，充分反映了喜洲白族信仰的庞杂。染衣巷位于南侧，

尹氏宗祠

东安门

一如市下街宽敞，过去，这里是古镇纺织、印染作坊的集中地。"门前流水绿，巷水染衣红"，洋布进入前，喜洲的青蓝布、红绿布、漂白布一直畅销滇西各地，深得世人所爱。同市下街和染衣巷的宽阔亮洁相比，居中的大界巷则颇有些曲径通幽的味道。这固然有街道狭窄的原因在，但另一方面也是其支巷较多，总让人有寻转不出的感觉使然。

大界巷口是东安门，此门之形制、构筑年代与正义门大抵一致，也是古镇极为醒目的标志性景观。东安门内古宅鳞次栉比，门外田野油绿广阔，内外景致大相径庭。在慵懒的阳光之下，三五个老人坐于门侧石条凳上，享受着人类的活力和大自然的气息，把烦恼苦闷抛到了九霄云外。这岂不是连神仙都要羡慕的日子？

风景名胜

蝴蝶泉

　　蝴蝶泉是大理最著名的旅游景点之一，位于喜洲古镇的西北部，在苍山最北端云弄峰麓的神摩山下。在一片绿树丛中，清澈的泉水自地下涌出，汇成一潭碧绿的清泉。水池不大，周长约十五米，水深约二米，周围镶嵌有大理石栏杆，池边有一棵千年的合欢古树，状如虬龙，喜洲民间称之为"蝴蝶树"。池底布满细石，彩色缤纷，水石相映，树影摇曳，晶莹透净，光怪陆离。池边树木阴翳，花繁草茂，值春夏之交，日暖风和，万木争荣，百花吐艳，有成百上千只彩蝶相聚于泉边，翩翩起舞，千姿百态。

蝴蝶泉的景致和奇观，早在明代就已著名。大旅行家徐霞客曾在游记中描写道："泉上大树，当四月初即发，花如蛱蝶，须翅栩然，与生蝶无异，又有真蝶千万，连须钩足，自树巅倒息而下，及于泉面，缤纷络绎，五色焕然。"记录了千万只彩蝶汇于泉边的美景。1959年，随着电影《五朵金花》的上映，蝴蝶泉的名声更是响遍全国，蜚声海内外，成为中外游客到大理必游的景点。

花甸坝

花甸坝位于喜洲镇西北部，苍山沧浪、云弄峰背后，

1 3
2 4

1.蝴蝶泉
2.蝴蝶
3.花甸坝
4.杜鹃花

西与漾濞彝族自治县接壤，北与洱源县凤羽镇相连，由大花甸、小花甸、鸡茨坝和周围群山组成，总面积8.37平方公里，海拔在2800—3500米之间。花甸坝动植物资源丰富，是高寒山区野生动物资源的宝库。1958年，以周城白族青年为主的突击队，进山开发花甸坝，成立国营农场，开垦了数千亩土地，种植药材，同时，还兼种粮食、油菜、水果，放牧牛羊。如今，苍山受到保护，对花甸坝的开发早已停止，但当初修筑的道路和房舍，却为今日游人的登山游览提供了极大的便利。

明代著名白族文人李元阳在《花甸行》中，对花甸坝秀美的景致有过细致的描写："万木阴森，千里苍翠，奇花浓郁，缀秀重缨，广甸之中，水竹区别，游人往来，度竹穿花。其间杂花秀木，丰茸葳蕤，石苍鲜翠。两山如壁，中夹一川，长十余里，广近百十里。"虽然花甸的景色十分秀丽，但想要一睹芳颜也并非易事。从喜洲古镇出发，溯万花溪，沿五台峰一侧而上，需走二十余公里的山路，才能见到苍翠千重、鸟语花香的花甸坝。

万花溪

万花溪为苍山十八溪之一，发源于花甸坝万山丛中，汇千沟万壑之清流，由苍山而下，向东流经喜洲，从大鹳鹏洲（海舌）注入洱海，全长约三十公里，水量仅次于阳溪。万花溪是喜洲的"母亲河"，其溪流虽然因季节的变化，时大时小，时清时浊，但永不枯涸，即便是旱情严重的时候，依然清流如旧，灌溉着广袤的农田，确保喜洲各村有一个美好的收成。

万花溪景色优美，流经五台峰及沧浪峰之间的那一段峡

万花溪

谷，被称为"水流九曲"，景致尤其让人赞叹。万花溪奔泻在峡谷间，喷珠泻玉，流声如雷，与山间的松涛汇成一片，如大自然奏出的交响音乐。溪水在乱石耸立的河床上奔泻，时而像白练滑过光洁的镜面，时而又汇成清澈见底的小潭，时而则越过巨石形成悬流飞瀑。溪岸两边的苍崖布满青苔，溜滑如冰，置身于水气袭人的山谷中，顿感心旷神怡，爽气抒怀。

龙湖雁塔

龙湖位于喜洲古镇的东面，是一个千余亩的小湖，四周有沙村、城北村、中和邑、金圭寺等村落及田园环绕，惟北与洱海相通。过去，湖畔有两个渡口，一个在城北村东南，一个在河矣城村西边的龙津桥，水运十分发达，是喜洲镇与大理、下关及洱海沿岸各村通航的主要津渡。喜洲建房造墓用的海东石、条石、金井石以及木材等均由龙湖渡口输入。

龙湖西南角的田畴之中，昔日建有一塔，称为"雁塔"。塔北堆土成丘，以地形布为纸、笔、墨、砚之局，即以龙湖为砚池，雁塔为巨笔，平畴为纸张，土丘为镇纸，加之雁塔正对洱海东岸的笔架山，可谓"文房四宝"俱备。民间俗传喜洲人文蔚起，即与此相关。因此，喜洲历代名士多以"龙湖"自号，如明代杨士云自号"从龙"；近代赵甲南的著作又称"龙湖丛稿"。雁塔俊秀挺拔，据说该塔初建之时，崇圣寺千寻塔顶的金鸡，因慕其玲珑秀美，遂起喜新厌旧之念，弃三塔而来此栖息。明万历年间地震，雁塔倾圮，金鸡惊飞天际，反复盘旋，无可奈何，仍落回崇圣寺塔顶栖息。故喜洲有民谚云："金鸡金鸡没廉耻，飞来飞去三塔寺"，以讽刺那些反复无常，没有志气的人。

大鹳鹏洲

大鹳鹏洲，位于喜洲古镇之东，为一条宽约二十至一百米的细长的沙堤，由南至北伸进海中，又名"海舌"。每至秋冬之际，海鸟翔集，有野鸭、大雁、黄鸭、海鸥、鹭鸶等几十种候鸟在此越冬，鸣声啾啾，声闻数里。大鹳鹏洲，三面环水，临水之处，青沙白浪，蚌壳累累；中间水柳成荫，鸟声婉转，间有果园菜圃，碧绿成畦；岸边小舟，渔网轻扬，穿行于波光树影间。站在舌尖之处，碧水空阔，烟波浩渺，纵目天际，苍洱大观，尽收眼底。

民国时期，喜洲殷实之家纷纷在湖边建盖别墅，但最终落成的只有永昌祥严家的"海心亭"。这幢西式别墅四面环水，院内、院外广植各种树木花草，珍品有重瓣红梅、大理山茶花、栀子花、桂花、素馨、芍药、牡丹、玫瑰等，四时花香不断。春花秋月之时，游人纷至沓来，大有"看花争上水心亭"之势。加之水中莲花、睡莲、菱花、红蓼、芦花交替盛开，海面渔舟轻荡，水禽争鸣，白鹭掠水飞旋，令人忘却人间，感悟到"草上平湖白鹭飞"诗句之妙。

商帮故里

文明新世界

从河赕贾客到喜洲商帮

喜洲商业兴盛，历史悠久。早在战国时期，川、滇先民便跋山涉水，开通了被誉为"西南丝绸之路"的蜀身毒道，构建了从四川成都出发，经云南昆明、大理、腾冲等地，远达缅甸、印度和阿富汗的商业网络，沟通了我国与南亚各国的文化交流与贸易往来。二千余年中，山间铃响马帮来，可谓历久不衰。

汉武帝元丰二年（前109），西汉王朝在云南设郡县，喜洲为叶榆县治，洱海地区的商人即循"蜀身毒道"至域外经商。唐、宋时期，南诏、大理国定都苍洱，大理的商业得到迅速发展。当时的喜洲已是一座有名的城邑，人口繁盛，商业发达，南诏设有专门管理商贾的官员"禾爽"，在此长住。以喜洲商人为主的"河赕贾客"，不仅加强了与内地的贸易，而且经商的足迹已远及"寻传"（今德宏）、"骠国"（今缅甸）等地。唐代樊绰《蛮书》载"河赕贾客"歌云："冬时欲归来，高黎贡山雪；秋夏欲归来，无奈穹赕热；春时欲归来，囊中络赂绝。"是当时商旅生涯的真实写照。

元、明、清时期，大理的商业得到长足发展，集市贸易遍布各地，大理、喜洲、上关、下关、邓川、洱源、三营、松桂等市集以及享誉海内的三月街，都不难看到喜洲商人的足迹。清光绪年间，自缅甸沦为英国的殖民地后，洋货大量销滇，进出口贸易激增，商战激烈。在竞争中，喜洲商人势力大增，已形成"喜洲商帮"。清末民初，喜洲商帮中较大规模者不仅在国内的成都、武汉、上海、广州、香港等地设立商号，而且"跑缅甸、走印度"，将商号设到了国外。抗日战争前后，喜洲商帮得到较大的发展，形成一个以永昌祥、锡庆祥、复春和、鸿兴源为"四大家"，成昌号、复顺和、光明号、德兴祥、复义和、源慎昌及未开号的杨运春、杨润馨为"八中家"，天德祥、元春茂、双茂庆、

协丰、兴裕、会义昌、德顺兴、德大昌及未开号的赵子文、杨俊成、张富兴、赵应生兄弟为"十二小家"的大商业集团。喜洲商帮计有坐商248家及行商二百余家，形成了滇西资产最为雄厚，以进出口贸易为主的第一大商帮。

　　喜洲商帮的发展壮大，与喜洲人注重经营管理、培养人才、善于理财和敢于竞争是分不开的。民国《大理县志稿》说："至于商务思想，惟喜洲一地人物为最优胜之资格。"喜洲人有九成左右从事商业活动，务商思想代代相传。对商业人才的培养十分重视，坚持"严师出高徒"的信条。从小当学徒是喜洲多数商人的必经之路，青少年大凡读几年书后，就要去号铺当学徒，即便是大资本家、大商人的子弟亦无例外。没有门路当学徒的，或到集市上提卖水，或割卖草自筹小本，或赊销火柴、纸烟、棉线叫卖于集市，积累蝇头小利，逐渐摆摊设点，从小贩到开铺子、开大商号。

1
2

1. 喜洲市场
2. 商号

资本由无到有，由小到大，经营范围由近及远，发展到外县、外省、外国，从事大规模出口贸易。这并非一朝一夕之功，而是经过披荆斩棘，披星戴月艰苦奋斗的一个过程。所以喜洲人常说："十年学得个举子，十年学不得个生意人。"

另外，喜洲人也非常重视文化教育，历来文商并重，节衣缩食供子弟读书成才，已成优良民风。文商二者相互促进，相辅相成。到民国时期，科举废除，喜洲人更加偏重于商业，将其视为谋生、创业的重要途径。在喜洲人充满热情的积极推动下，其商业资本不断累积，商业规模不断扩大，组建成为了富甲三迤、商号遍布海内外、贸易范围广阔的大商业集团。

卖鱼

永昌祥商号是喜洲商帮"四大家"之一，1902年由喜洲白族商人严镇圭创立，1941年严镇圭病逝后，由其子严燮成任总经理，1954年公私合营。发展至1949年时，永昌祥有总号2个，国外分号6个，国内分号七十余个，仅流动资本就折合黄金1.8万两，此外尚有二千余亩田地和5座豪华别墅。

永昌祥商号

严镇圭，字子珍，幼年上过私塾，十三岁开始学做生意，发愤自立，善于经营，是喜洲最杰出的商业经营人才。严镇圭起初只是小本经营土布，往西康会理经商途中结识了经营布匹的江西商人彭永昌，相处日久为彭赏识和信赖，主动约他合作。1902年，由彭永昌出资，严子珍出力，合伙经营，议定盈余部分，按人力和资金比例分成，以"永昌祥"为招牌，专营布匹、茶叶、生丝、山货药材等。严镇圭针对川、滇贸易转运困难的情况，大力扶持大理、昭通、盐津等地的马帮和堆店，又在一些流动经营的地方，派人设驻分号经营，较好解决了商品运输、存放、收发和转运的问题。1903年，彭永昌入股投资本银4315.97两，严子珍入股3325.09两，喜洲人杨鸿春入股3205.52两，共有一万余两资金。到1907年止，又有严燮成、严玉山、杨泳春、严子兴、杨芹春、杨亮廷等十余人先后入股。1910年、1913年，杨鸿春、彭永昌先后退股出号，严镇圭成为商号最大的股东。永昌祥引进各种先进的管理手段，建立了以现金代替传票的复式会计制度，商业资本效率得到显著提高。永昌祥作为产生于清光绪年间的股份制企业，对白族地区工商业的发展起到了较大的推动作用。

永昌祥设总号于下关、昆明两地，因重视开拓国内外市场，先后在成都、广州、百色、重庆、上海等地设立分号，1912年在缅甸瓦城设立分号，1918年设香港分号，由此扩

永昌祥

中国名镇·云南喜洲

1948年11月9日，中国云南著名商号"永昌祥"董事会成员在喜洲合影

1
2 3

1.董事会成员
2.严子珍
3.商号网点分布

大了进出口贸易规模，经营范围遍及长江以南诸省及缅甸、印度各大商埠。1945年更把商务扩展到美国的波士顿，主要进口百货、香烟、化妆品等。

在七十余年的经营中，永昌祥以棉纱、茶叶、黄丝、布匹、绸缎、猪鬃、金银、外汇、山货、药材、汽车等为生意主项。以进出口贸易为主业，把黄丝、猪鬃、金银、锡运销印度、缅甸、香港等地；又把进口的洋纱、洋布、日用百货等商品运销滇、川等省。永昌祥在国内外的贸易额都很大。如，销往缅甸的黄丝一项，每年多达一万担（约五十万公斤）；40年代末，还曾有一次进口二千余部道奇汽车的壮举。

在永昌祥经营的商品中，根据市场变化，其品种不断调整，间或亦会改变营销的方向，但在其"川销滇茶，缅销川丝"的经营思想的主导下，茶和丝两种商品始终是永昌祥商业贸易的重要选择。清光绪三十四年（1908），严镇圭在下关开办第一家茶厂，开创了白族地区建厂的先河。因茶叶利润丰厚，其他商家纷纷仿效，先后有十余家参与竞争。永昌祥稳健行事，注重质量，研究出"松鹤"牌沱茶，畅销几十年而不衰。严镇圭派人从顺宁(今凤庆)购进茶叶,运往下关茶厂加工,上品制成沱茶运往四川,次品制成蛮庄饼子茶运至丽江、维西,销往西藏一线。回头购进山货、药材运往四川,又在四川选购生丝,就地加工成条丝和精品纺丝运回云南,然后出口缅甸、印度,换取外汇及棉纱回滇。永昌祥还创立了"双丝牌扬纺"等名牌,针对东南亚气候湿热的特点,其生丝产品在耐洗、吸汗、美观实用上下工夫,占领东南亚市场几十年。

继下关茶厂之后,永昌祥又先后在云南、四川、缅甸等地筹建了"乐山裕利丝厂"、"喜洲织布厂"、"喜洲丽华猪鬃厂"等十余个企业。同时,大力加强与金融界的联系。一方面,直接投资云南矿业银行、兴文银行、云南事业银行等金融实体;另一方面,与昆明及海内外三十多家金融

喜洲永昌祥商号网点分布图

机构建立业务往来，尤其与交通银行关系密切，海外存储、借贷业务多由该行办理。1930 年以后，严镇圭长子严燮成、次子严宝成均在云南金融机构担任要职，进一步促进了永昌祥外汇与金银生意的发展。

严镇圭幼年艰苦的生活经历，使得他在发展实业的同时，热心公益事业。他曾任云南慈善会长，不仅扶贫济困，创办了许多慈善事业，而且关注地方教育事业的发展。从 20 世纪初筹建"喜洲两级小学"开始，他先后独资或捐资兴建省内外的学校、图书馆、教育馆等凡十余所，还设立助学金、奖学金，以促进教育的发展。严镇圭还倡建大理古城苍逸医院、喜洲医院，开办助产学习班，推行新法接生，惠及滇西妇孺。抗日战争时期，他捐款捐物，为滇西抗战的胜利作出了贡献。

锡庆祥

锡庆祥商号是喜洲商帮"四大家"之一，1930 年由喜洲白族商人董万川创立，1954 年公私合营。发展至 1949 年时，锡庆祥有总号 1 个，国内外分号二十多个，资本总额达 2000 万元半开。

董万川，字澄农，从小当过学徒，也做过小贩，是喜洲杰出的商业人才。民国初年，董万川就在下关、云县、昆明三地设立"天顺昌"商号，经营布、茶以及山货、药材，从云县、下关一带进货，运销至昆明、广东等地。后来，此号倒闭停业，他又与凤仪人杜绍堂合股开设"万宗源"商号，但也因亏本倒闭，不但资本亏蚀殆尽，又欠了大量的债务。虽然债台高筑、债主盈门，但董万川绝不躲避，变卖家具应付。有人劝他歇手，打消恢复在昆明经营的念头，并送他路费回籍，另谋生活。可他坚决在昆明等待机会。此时，董万川的母亲和家眷均随他住在昆明，靠典当和变卖衣物度日。有一日，家里烧火的柴没有了，他竟然拿起斧头，把红木家具甚至紫檀木和水磨漆的八仙桌、椅子、板凳劈开当柴烧，坚决不求人，大有"破釜沉舟"的气概。在极艰难的情况下，他不甘心失败，念念不忘做生意，想起当年卖纸烟洋火的情景，说："大的做不成，就做小生意，等机会嘛！"于是，重整旗鼓，在朋友的帮助下开设了"万兴祥"商号，替南洋兄弟烟草公司代销"金星"、"宝神"牌香烟，但终因经验不足，经营不善而倒闭。1930年，董万川以37万元半开的资金创立"锡庆祥"商号，又先后开办了火柴厂与肥皂厂，生产"双瓢牌"火柴和"花王牌"肥皂，商品虽畅销一时，但局面终究难以打开。

董万川性格坚韧，虽遇挫折，但毫不气馁，不堕其志。他常说自己就像乒乓球一样，打击越重，跳得越高。到1933年，终于让他等到了机会。这时，有一位德国朋友告诉他，个旧矿砂含钨量较高，并劝他经营。董万川到个旧卡房进行调查，发现白砂坡一带所产矿中有黑钨伴生，因冶炼困难，人们不知其价值，只当废渣处理。董万川让妻弟携带矿砂到上海化验，未有结果。他亲自取道越南前往香港，请英国矿产化验公司进行化验，结果证实钨、锑含量较高。董万川随即在香港与英、美公司签订出口合同，又回滇与龙云、陆子安等官员协商，呈请省政府按《云南全省钨锑公司章程》，组成官商合办的个旧钨锑分公司，隶属省财政厅，由省政府拨公款20万元半开作为开采资本，自由出口销售，准允商人投资，由他出任总经理。公司成立后，董万川派其子董仁明在香港设立分号，与礼和、山打、宝隆等多家外国公司往来，年销数百吨成品纯净钨砂。时值欧战，钨价格上涨，获利颇丰，董万川也因此扭转局面，一跃成为远近闻名的大富商。

1937年，董万川借各大院校因抗战纷纷南迁的机会，重金聘请专家考察云南的地矿，谋求技改，致力于发展实业之路。1938年，董万川与上海人施嘉干在昆明筹建"大成实业公司"，由董、施二人各出资三成，又从省财政厅获得资助，先后在昆明建成嘉农面粉厂、利工电石厂、农村纺纱厂、联谊钢铁厂、大昌营造厂、复兴亚水泥厂、新炼油厂等企业，生产面粉、电石、水泥、机油、液体燃料等产品，迅速占领了昆明及周边地区的市场。如，"嘉农面粉厂"年产数万斤面粉，直至新中国成立后，云南许多地方的面粉还由该厂提供。

锡庆祥注重进口贸易，除在昆明设立总号之外，还在缅甸、印度、香港、成都、宜宾、下关、保山、腾冲设分号，在上海、重庆、丽江设栈口，直接与英美商家贸易。1936年，委托上海万兴商号代购大量棉布销往云南。其后，为加强滇、缅之间的进出口贸易，又合股组成"澄和企业公司"，出口黄丝，进口洋纱和布匹。董万川认为金融为经济之枢纽，不仅合资组建了"昆明商业银行"，亲任董事长，还投资入股"云南实业银行"、"永丰银公司"、"云南劝业银行"、"工矿银行"、"兴文银行"、"耀龙电力公司"、"下关电厂"、"鼎新火柴厂"、"汇康百货店"等企业和商号。同时，在邓川等地集中了数百亩土地拟种植甘蔗，开办糖厂。虽然，这些企业的规模都不大，但对于云南实业界而言，也起到了拓荒者的作用。

董万川是云南著名的工商企业家，一生热心公益事业。

1945年1月，大理县图书馆成立，他捐款100万元；先后出巨资建云大西郊医院与病菌学院、大理县立中学；设置大理县立中学奖学金和助学金；并与同乡倡建五台中学、喜洲医院；大力捐款赈灾，慰劳将士，支援抗战。1939年，华中大学迁至云南苦于无处落脚时，他与严燮成等人雪中送炭，将该校请到故乡喜洲大慈寺办学达八年之久，直至抗战胜利后才迁回武昌。他还捐资刊印了《滇八家诗抄》《大理古代文化史稿》、《史城董氏族谱》等书籍，为白族地区的社会文化发展作出了积极的贡献。

董家大院

鸿兴源

鸿兴源商号是喜洲商帮"四大家"之一,1914年由喜洲白族商人杨鸿春创立,1956年公私合营。发展至1949年时,有总号1个,国内外分号十多个,资本总额达1000万元半开。

杨鸿春是喜洲城北村人,以小本经营,逐渐积累了一些资本。1903年投资3205.52两白银入股永昌祥商号,为三大股东之一。1910年退股自营。1914年开创鸿兴源商号,设总号于昆明。鸿兴源主要经营茶叶、药材、棉纱、布匹、香烟、卷烟纸、金银等商品。茶叶购自下关,运销至丽江和四川各地;药材购自丽江、下关,运销至印度、缅甸及昆明、上海、香港等地;棉纱、布匹、香烟、百货、卷烟纸等购自上海、缅甸、印度,运销至云南和四川;黄金、白银购自丽江、下关、昆明等地,运销至上海、香港、缅甸等地;并将四川生产的黄丝出口到缅甸和印度。大宗药材的经营是鸿兴源的特色,他们将滇藏的贝母、虫草、黄连、麝香、熊胆等药材销往缅甸、印度及国内长江流域一带,又从武汉等地购入日本棉纱、布匹及小百货,运回云南销售。由于拥有一批精通药材业务、选货认真的技术人员,鸿兴源的药材品质纯正优良,在国内外享有盛誉。

鸿兴源对外贸易起步较早,发展迅速。早在20世纪初,杨鸿春即开展对印度的行商贸易,并多次赴印度经营。他请丽江李达三的马帮经西藏把云南的山货药材运往印度,将印度的毛呢、咔叽和日用百货商品运回云南。又将部分商品由云南运销缅甸,并由昆明取道滇越铁路运达越南海防,再由水路将商品运往香港等商埠。随着商务的发展,鸿兴源先后在下关、丽江、上海、汉口、畹町、香港、瓦城、腊戌、加尔各答、仰光等地增设分号,培养了一批华侨工商业者。

杨家大院

　　杨鸿春善于用人，所以汇集了一批能力突出、对商号发展尽心尽责的经商人才。这其中，先后担任丽江、汉口、上海、香港分号经理的杨品相，担任畹町分号经理的杨绍虞等人，均具远见卓识，在商战中能够独当一面。又如，先后担任瓦城、仰光分号经理的杨达霄在缅甸经营八年有余，通晓当地语言，已融入缅甸社会。及至杨达霄年老回国后，其子杨镜泉又子承父业，先后在瓦城、仰光、加尔各答担任分号经理，继续为拓展鸿兴源的外贸业务出力。杨鸿春对子女的培养也非常重视，长子杨炽东为下关分号经理，次子杨丽东为昆明总号经理，三子杨亚东为上海、香港分号经理，都是商界新秀。1937 年 8 月 13 日，日本蓄意制造事端，对上海发动了大规模进攻。杨亚东审时度势，妥善将业务转往香港继续经营，直至香港沦陷后，才安然转回昆明，使商号的业务，在炮火连天的岁月中也得到了发展。

　　鸿兴源如喜洲其他的商帮一样，亦积极赞助地方公益事业，捐款捐物，他是五台中学、喜洲医院的董事和万花水电站的股东。1939 年杨鸿春病逝后，鸿兴源在其子杨炽东等人的努力下，发展一直没有间断，为民族经济的振兴作出了两代人的贡献。

复春和

复春和商号是喜洲商帮"四大家"之一，1925年由喜洲白族商人尹聘三创立，1956年公私合营。发展至1949年时，有总号1个，国内外分号十多个，资本总额达800万元半开。

复春和初创时，设总号于下关，取得较快发展后，又先后在上海、武汉、宜宾、成都、昆明、丽江、凤庆、云县等地开设了分号。复春和以茶叶起家，从云县、凤庆、下关等地购买茶叶，在下关加工后，上等茶销往宜宾、成都，次等茶销往丽江等地，年经销达一万驮（约120万斤）。随着客商需求的不断增大，复春和在下关独资开办茶厂，生产"鹰球"、"金钱"牌沱茶，"狮子"牌紧茶，"富贵根基(金鸡)"牌饼茶，产品畅销省内外，深受消费者欢迎。复春和的业务发展起来之后，经营范围逐步扩大，开始进行较大规模的进出口贸易，商业活动遍及国内各大商埠及东南亚一带。

国外贸易方面，以缅甸瓦城、腊戍之分号为基点，从印度、缅甸将棉花、洋纱、棉布、染料及洋百货等运销国内，又将金银、黄丝销往印度与缅甸。国内贸易方面，主要与各地商贾交易糖类、木耳、香菌等食品以及山货药材（贝母、知母、虫草、黄连、麝香、熊胆、秦归、大黄、茯苓、麂皮、牛皮等）。对港贸易方面，交易量也很大，以出口药材、猪鬃、皮杂等为主。

1937年，锡庆祥董万川因姻亲关系，资助尹聘三滇币十万元，使得复春和实力进一步增强，迅速发展起来，企业员工增至一千余人，成为了下关商业界的大商号。复春和注重将商业资本转化为工业资本，早在30年代，即用道奇汽车发电；40年代初，又与人合股（复春和持股五成）筹建下关电力公司、喜洲万花水电站，使喜洲成为云南最早使用水电的农村集镇之一。随后，又建立了碾米厂等小企业。

复春和创立初期，由尹聘三住昆明总号，长子尹辅成住下关号，次子尹业成住云县分号。父子三人俱为精通商道之人，加上管理得法，注重信誉，故复春和的商业规模亦逐渐扩大。40年代尹聘三去世后，复春和由长子尹辅成出任总经理。尹辅成是商界、侨界的名人，曾先后出任下关商会会长，下关昆明银行经理等职，在其努力之下，复春和也一跃成为饮誉滇西的大商号。

尹聘三、尹辅成热心公益事业，关心文化教育的发展，积极捐资捐物。他们先后任喜洲五台中学的董事，尹辅成更是两届校董会董事长代理人，可以说为家乡基础教育的普及做了大量工作。复春和还在下关建起滇西第一家电影院，客观上拓宽了大理各族人民的眼界，加深了他们对外部世界和异地文化的了解；抗美援朝时期，复春和又向下关市人民政府捐献了小轿车一辆，表达了白族商人心系祖国的拳拳爱国之心。

1
2

1. 尹家大院
2. 药材交易

生意经

喜洲人在商业上能够取得巨大的成功，除地理环境、历史文化的影响外，也与喜洲人勤劳勇敢的品格、开拓进取的精神分不开。在经商的实践活动中，喜洲人勤于思考，善于总结经验，这些经验既是经商成功的秘诀，也是经商过程的真实写照，对今日从商之人士亦有极好的借鉴意义。

招牌信用，视如生命

无论大商号还是小店铺，喜洲商人无不重视招牌与信誉。过去，喜洲街上有六家脍炙人口的食铺店，那就是妇孺皆知的"孙定珍油粉"、"大苟破酥"、"显杨腌菜"、"张

喜洲油粉

子惠酱油"、"李士才牛肉"、"喜财饵快"。这几家招牌的创立，可谓历尽艰辛，经过几代人的努力，才为世人所认可。

以孙定珍油粉来说，她家做豆粉以上好的白豌豆为原料，任何情况下都绝不用蚕豆或别的豆类来代替，加上制作工艺远超一般豆粉，而且配料丰富齐全，如芝麻油、油渣、核桃油、辣子油、上好酱油、上等酸醋、蒜泥等应有尽有，整碗油粉做工精细，色味俱佳。孙定珍卖油粉，讲究童叟无欺，绝不克扣或马虎应付顾客，故她创造出的招牌为喜洲人所喜爱，只要到了喜洲街，都以吃到孙定珍油粉为满足，以吃不到为遗憾。

回族李士才的牛肉铺，也极为有名。李士才为开创品牌，以"薄利多销"为宗旨，高价购买上等的牛肉，加入秘制调料，以文火慢慢炖制，每碗牛肉汤均留有原汁，不论先来后到，都能尝到原汤牛肉的美味。他极其重视数量和质量，从不克扣马虎，也不随意涨价。发现自己的儿子遇到顾客盈门，忙中稍有克扣或以次充好卖出时，李士才便大发脾气，说："你把我的招牌砸烂了！"甚至为了卖出量少的一碗牛肉汤而出手教训儿子，直到儿子告饶，保证以后不敢再犯，才肯歇手。然后，向顾客道歉赔礼，另换一碗好的给人家，人家补钱，他坚决不收。李士才非常勤快，从清晨七八点卖起，一直到夜间十二点才关门。半夜，他还要数次起床查看牛肉汤的火色，并预先把白米饭煮好，让顾客随时能买到汤饭。李士才牛肉味美质优，他家一开锅，附近都能闻到香味，因此，喜洲人还特意编了一个顺口溜来赞扬他：

李士才，
牛肉汤，
香又香，
媳妇吃了不想妈。

招徕顾客，无微不至

　　喜洲人做生意，最重视顾客。顾客上门，有如迎接贵宾，满面春风，殷勤接待。喜洲商人常说："顾客来找我们容易，而我们要找顾客就难如登天了。"如果对人不礼貌，或弄虚作假，以次充好，短斤少两，或一问三不有，不能满足顾客的需要，那么人家可以到别处去买，又何必受你的气。顾客上了一回当，就可能一去不复回，你的商店"门可罗雀"，无人问津，连生意都做不成，还谈什么发家致富。

　　过去，喜洲有一家开土杂货铺的宝源号，老板叫杨运时，大家都唤它作"运时铺子"，妇孺皆知，远近闻名。这

从小就学着做买卖

家店铺商品齐全，日常所用应有尽有，顾客进门，敬烟敬茶，顾客购物一选再选，店主都耐心地任人选择，还向顾客介绍商品，帮助顾客挑选，最后顾客若都不满意，店主仍然和颜悦色送客出门，还说："生意不成仁义在，请下回再来光顾。"更为难得的是，别的商家卖出货物，出门之后概不负责，而宝源号则反过来，不但出门认货，还可以退货甚至是换好货，如遇到斤两不足，店主除了补足外，还道歉赔礼，一年到头，从未与顾客争吵过一次。

宝源号货物齐全，凡婚丧嫁娶、请客办事之家，均到该店采买。店主或先生会事先问清要办多大规模的席面、有多少桌客等等，然后就帮顾客计算得周周全全，买回去的东西一样不缺，而且用下来不多不少，不至于造成浪费或不足。价格也非常公道，或现付价款，或事后收取，让办事人家一点都不用操心焦愁。因此，宝源号虽然只是一间卖杂货的小店，但生意做得红红火火，成为喜洲商帮中靠小生意而崛起的代表。

摸准行情，科学决策

喜洲人非常注意与经济有关的各种信息。不论大小店铺，抑或座号行商，对货物的盈缺涨跌，都会千方百计地予以探听和掌握。如甲地货缺看涨，而乙地货多看跌，就不失时机地把乙地的货物运到甲地推销。在实践活动中，他们还总结出了"逢贵必贱，逢贱必贵"，"货到地头死"等经商规律。此外，喜洲商人每家都有传递信息的密码术语，在电信交通闭塞的旧社会，他们高价雇佣跑信和传达消息的人，把行情涨跌、货物盈缺的消息及时而保密地传递给本号本店的人，从而为准确把握市场的变化提供重要的依据。

结合实际，培养人才

　　喜洲大大小小的商号和店铺的人员，上自老板，下至从业人员，大都经过学徒阶段的严格训练。通过商业实践，喜洲人大都成为精通信账、鉴别货物的行家里手，有的甚至学会外语和少数民族语言，成为经营国内外贸易的专家。每个商号、店铺，对其经营的货物的真伪、成色、出产地，只要用眼睛看上一眼，用鼻子闻上一闻，用手掂上一掂，就能识别。如，做茶叶生意的人，只要把茶叶用鼻子闻一闻，就能说出这种茶叶产自何地；看上一看，就知道是雨前茶或是一般的茶叶。又如，做山货药材的，但凡皮毛、黄金、麝香、熊胆、虎胶以及玉器、宝石等，都能识别。有一次，喜洲商帮复顺和从丽江买到十多斤假麝香，运到下关后，才发现这批货物有假，如果出售，就会影响到商号的招牌信誉，不得已只好在深夜悄悄丢到黑龙桥下面的西洱河里。这说明喜洲商帮最忌假货，而为了甄别假货，就必须培养识货的专业人才。另外，从事不同货物加工的技术人员亦十分重要。如，贝母和知母，必须经过熏制，猪毛、茶叶等也要经过技术加工，这些都离不开专业技术人才。因此，做生意不是一买一卖的问题，而是要有专业技术人才，否则就谈不上发展。

　　喜洲各大商号对从业人员的要求非常严格，为指导商业活动，还总结出来不少所谓的"生意经"。这些生意经，放在今天而言，仍有较强的现实意义。现不妨将其中一份，展示于下：

敬告商业练习生金玉良言

（1）凡社会子弟

中
国
名
镇
·
云
南
喜
洲

自小学毕业后，有力有人手者，供给升入中学；无力无人手者，即从实业想办法，请亲友介绍到商号操习商业。子弟诚实，专心学习三年后即有上进。号上发展，即委以重任，往远方设号，当经理矣。

（2）商业号规

凡子弟进号，黎明即起，洒扫庭院，要内外整洁。应对进退，出必告，返必面。尊亲敬长，不耻下问，号事问明，遵示办理。清清白白，有始有终。生意一言为定，当面斟酌看货，过后不许退还。公平交易、童叟无欺。

（3）爱惜光阴

大禹惜光阴，陶侃惜寸阴。人生百岁，疾病老幼去其半，能为有用者时光几耶。古今来大伟人、大创造、大英雄、大豪杰，皆出于贫贱之子，爱惜光阴，造就而得。富家子弟饱食终日，无所用心，求诸身而无所得，施之世而无所用。少壮不努力，老大徒悲伤。日耶！月耶！少而壮，壮而老，老而衰。时乎！刻乎！青春不复见！南柯一梦，轮回再来。同志者，宜勉之。

（4）存良心秉至诚

仙佛良心功果满，圣贤良心留芳名。英雄豪杰良心造，富贵君子本良心。心思胸怀，得心应手。祸福无门，唯人自招。做好人说好话，愚者智，贫者富。躬自薄，而厚待于人，博爱恻隐，排难解纷。真心、诚心、忠心、孝心，前途光明。

（5）负账目货物责任

凡号务执事者，各行其是，各负其责。司账务者勤必笔勉思。现款交易者，账上实出实入。未见款而拨账者，账上虚入虚出。照流水逐一誊底，勤笔登，良心销。按日扎结，一天手续一天清。每年账目必须告一段落，结束一度。有操伙者，必须注意，慎之于始，悔之于后。号内摆设，物须款制，爱心爱意。传家贵宝，必须留意。货仓堆货，必须注意。门必须关，自锁小心。倘若不慎，遗失嗽人。各货次序，清点必明。收入付出，勤笔登记。莫使鼠咬，莫沾潮气。货存满仓，金财血本，随时经心，以免吃亏。

（6）谨慎小心

防人之心不可无，害人之心不可有。清白乃身，莫贪意外之财。财帛试人心，一芥不以取诸人。莫多言，多言多累。莫多事，多事多患。谦受益，满招损。非礼勿视，非礼勿劲，非礼勿言，非礼勿听。百闻不如一见。违禁莫做，越理不为，自由活动，圆满如意。敬号务，负责任，始终一致，前后一辙，洁己克己，忠心小心。拾金不昧，待旦还人，无愧我心。曾子曰："吾日三省吾身，为人谋而不忠乎，与朋友交而不信乎，传不习乎。"吃亏人常在，不吃亏者，不能常在也。

（7）宽宏大量

交道接礼，一团和气。近悦远来，四海春风。同事欺我、笑我、骂我、辱我，我忍他、让他，过后我又再看看他。韩信胯下之辱，张良敬履之谦，若要人扶持，先要侍奉人。娄师唾面自干，颜子忧道不忧贫。不奋不发，不刺不激，吃得苦中苦，方为人上人。尽心竭力，维持号务。能亏己，不亏人。财钱如粪土，仁义值千金。量小非君子，宽宏感化人。

（8）勤苦俭约

一年之计在于春，一日之计在于晨，一生之计在于勤。祖逖闻鸡起舞，越王卧薪尝胆。岳母背刺精忠，欧母画荻学书。孟母断机教子，郑母纺绩传家。诸葛一生惟谨慎，子贡货殖以兴家。陶朱致富，端木遗风。涵养怒中气，谨防顺口言。斟酌忙中错，爱惜有时钱。

练习生必勤俭，衣服自洗，我敬衣服新，衣服敬我身。君子正其衣冠，尊其瞻视，俨然使人望而畏之。半丝半缕，恒念物力维艰。慈母手中线，游子身上衣，临行密密缝，意恐迟迟归。

（9）练习生学做饭

检点一粥一饭，当思来处不易。锄禾日当午，汗滴禾下土，谁知盘中餐，粒粒皆辛苦。惜物惜福，淡泊明志，众口难调，做时必问盐为味，调和百珍，酸、甜、苦、辣必须均。蔬素可口，肉食致病，薪炭必熄。浊水洗秽，清泉烹茶。火烛火星，必须留心。荧荧不灭，炎炎奈何。清洁卫生，随时经心。

（10）授训圆满

良药苦口利于病，忠言逆耳利于行。天之将降大任于斯人也，苦尽甘来。世事顺境少而逆境多，乐极生悲。昔日学徒布衣布鞋，俭约为本。蒙东信用，三年学满，酬劳奖金。交则执事先生，可服毛呢矣。昔日正直无私，囊无半文，今则东家分给鸿彩，堆金积玉矣。昔无商业学识，敏而好学，不耻下问，立志专心，授训圆满，今则有眼光、有把握、战胜商场矣。昔日贫穷，今则买田置地，起盖房屋，光宗耀祖。孝敬双亲，和乡里，顾朋友，疏财仗义，修桥补路，乐善好施。助公益，助国家，国史流芳。

同人勉之。

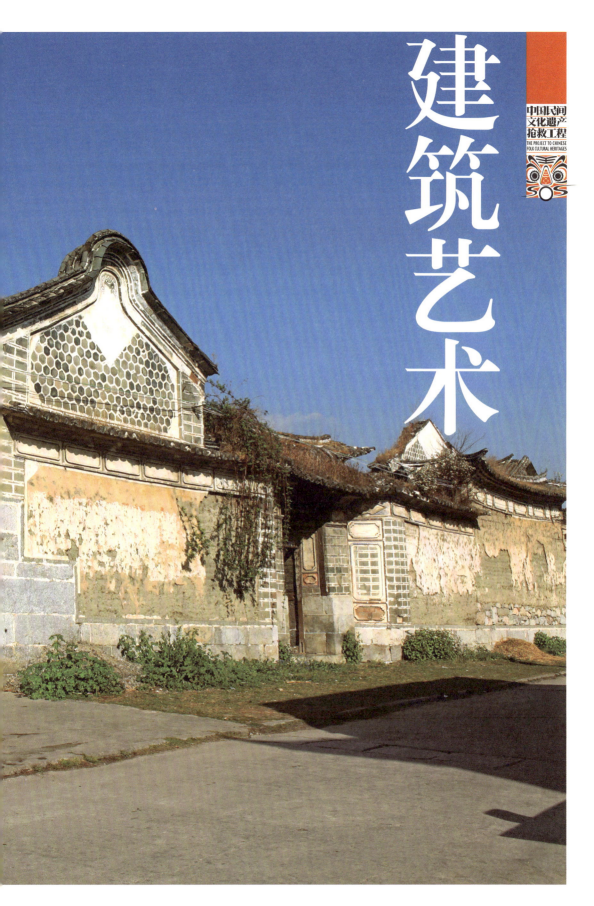

建筑艺术

中国民间
文化遗产
抢救工程
THE PROJECT TO CHINESE
FOLK CULTURAL HERITAGES

SOS

民居建筑

严家大院

　　严家是喜洲望族，历史上人才辈出。清光绪年间开设的"永昌祥"商号，前后经营七十余年，活动遍及海内外，是清末民国时期云南首屈一指的工商企业大户。严家建有无数房屋，仅在故乡喜洲就拥有十余个宅院。其中，最著名的是严镇圭建盖的"严家大院"。院落位于喜洲四方街，始建于清末，竣工于民国初年，已有近百年的历史。该宅一进四院，占地约十五亩，保存完整，是典型的白族传统民居。

　　大门俗称"大夫第"，二门俗称"司马第"，进入二门

的山墙上嵌有"书香世美"的石屏。大门为砖石结构的三滴水有厦造型，二门则为拱券无厦造型，二者均以泥塑、彩绘、石刻、大理石屏组成丰富多彩的立体图案，装饰精巧，又形制各不相同，配以黑漆大木门，具有和谐优美的整体感觉。

第一院是标准的"三坊一照壁"布局，主房坐西朝东而建，大门、照壁位于院落东侧，隔天井与主房相对。全院布局合理、结构谨严。北面"明二暗三"的三层木楼，在喜洲亦属罕见。第二院紧连第一院，是典型的"四合五天井"的布局。其中，连接前后两个院落的房屋，南北两侧俱开有门窗，这种形制被称为"一照两面"。位于四个漏

1 2
   3

1.拱券无厦大门
2.院落
3.走马转角楼

小洋楼

角天井的耳房，也建得小巧精致，或作厨房用，或堆以杂物。喜洲人把这种"三坊一照壁"与"四合五天井"组合而成的院落称为"六合同春"。第二院的南面为第三院，也是"四合五天井"的平面布局，所不同的是第二院房屋为"走马楼"的结构，第三院则是"带腰厦"的结构。

三进院落，院院相连，屋屋紧扣，互相贯通，错落有致，又不乏变化，可谓集中了喜洲白族民居的各种特点。房屋、院落、墙垣的材料亦非常考究：石脚用重达四五百斤的"芝麻花五面石"垒砌；台阶用长丈余、重数千斤的花岗岩条石铺成；天井和走廊均用厚重的青石板铺地；屋顶盖以优质的板瓦和筒瓦；全部门、窗、户、壁、梁、栋、柱均经雕刻彩绘。虽经风霜雨雪冲刷，严家大院至今风韵犹存，依然金碧辉煌，富丽宏伟。

最南面的第四院，相对宽阔，园中只建有一幢30年代初完工的小洋楼，是云南最早使用水泥的建筑之一。小洋楼的结构精巧别致，挺立于花园之中，四周杂莳名贵花木，间有假山、鱼池、水井。花香四溢，恬静幽雅。

2001年6月，严家大院被列为第五批国家级重点文物保护单位。

董家大院

董家大院坐落于喜洲市坪街，建于20世纪40年代初，是喜洲白族民居中的精品，无论是布局、结构、装饰，还是环境布置，均达到尽善尽美的程度，是白族传统民居中炉火纯青的艺术品之一。问世七十余年，尚如初建。

董家大院

董家大院由董万川所建。董氏为白族大姓，清代以来数代经商，董万川本人亦先后创建了"锡庆祥"、"大成实业公司"等商号和公司，大规模经营进出口贸易，分号遍布海内外，是大理乃至云南极具实力的大商人。董家有数处建于清末的老宅，都是值得称道的白族民居。董万川建此民居时已有亿万资财，因而对设计、选材、施工技术的要求都非常高，集中了包括上海建筑师在内的一大批能工巧匠。为建好此宅院，他还专门在苍山上阳溪箐开设了一个大理石的采石场，精心打造各种石材。

整座大院占地约二十亩，四周建有围墙，院内广植名

贵花木。为方便汽车出入，大门采用西式拱形门。民居坐西朝东，采用"六合同春"的布局，建于院落宽敞的绿荫丛中。大门开于东北角，为"三滴水"的形式，做工十分考究，串角飞檐，斗拱重叠。黑漆大门高约一丈二尺，每扇足有数百斤重，是"一块玉"的红椿板。照壁高约三丈，集彩塑、雕刻、诗、书、画于一身。一进两院的"大吊厦五凤楼"，高大雄伟，天井宽阔，走廊平坦。木质部分选材用料精益求精，几乎都用红椿、楠木、楸木、秃杉等优质木材。石脚高约二米，全用磨制得光洁照人的白色大理石垒砌，显得优雅华贵。整个民居建筑还使用了水泥和玻璃，实现了中西建筑形式的完美结合。置身其中，心旷神怡的感觉立即涌上心头。由于建筑年代较晚，受西方文化的影响较大，因而在采光通气等方面优于严家大院。

在传统宅院的背后，还有一幢1945年建成的法式小洋楼，设计精巧，风格别致。水泥瓦、钢筋、水泥等大部分建材均由法国进口。看过该楼的法国朋友都说，这样别致的早期建筑在法国也属稀有了。整个建筑群由著名华侨严和成先生督造。由于抗日时期，蒋经国、宋希濂、马崇禄等名人都在此下榻过，故喜洲人又将小洋楼称为"将军楼"。

2001年6月，董家大院被列为第五批国家级重点文物保护单位。

```
        3  4
1
   2
```

1. 大门
2. 院落
3. 花台上镶砌的双猫图案大理石
4. 花台上镶砌的双狮图案大理石

杨品相宅

　　杨品相宅位于喜洲街东面的城北村，占地约五亩。虽然与严家大院、董家大院相比，规模要小许多，但其布局合理，结构明快，尤其是彩绘、油漆、雕刻等方面做得十分出色，所以显得小巧玲珑，非常精美典雅，亦成为民国后期喜洲白族民居的代表作之一。

　　房屋主人杨品相，曾任喜洲四大家之一的"鸿兴源"号丽江分号的经理，后来，自己创立"光明"商号，成为喜洲商帮的"八中家"之一。民间传说，杨品相才华横溢，对建筑学亦颇有研究。原请人设计住宅，建成后很不满意，于是从石脚起将其拆除，自己亲手重新设计，指挥督造，建成了此处新宅。1948年落成至今已五十余年，依然十分坚固。

杨品相宅一进二院，平面上虽然采用"六合同春"的布局，却又与传统做法有所不同，前后两院均为"三坊一照壁"的平面布局，但前院坐西朝东，后院坐南朝北，极具节奏变化。第一道门为拱券无厦大门，第二道门为三滴水有厦大门，飞檐斗拱，造型精美，有"双凤朝阳"、"二龙抢宝"等雕刻。院内的房屋均为"走马楼"的结构，精雕细刻的各类造型图案，栩栩如生，各式彩绘，金碧辉煌。天花板上的"福、禄、寿"彩绘和主房堂屋格子门的透雕更是白族民居建筑中少有的精品。后院房屋也采用"走马楼"的结构，从楼上、楼下均能通达前院。南面砌有照壁，其

1
　2
　　3

1.董院将军楼
2.杨品相宅照壁
3.杨品相宅院落

下花台十分别致，除种植花草外，还有一株高过屋檐的大缅桂树，千枝万蕾，香气袭人，给人难忘的印象。穿过照壁侧边的小门，是一个小小的花园，又把人带入一个充满花香的安怡世界。

2001年6月，杨品相宅被列为第五批国家级重点文物保护单位。

赵府

赵府位于喜洲大界巷，始建于清嘉庆年间，因其为进士赵廷俊的府第，故人称"赵府"。赵氏是书香门第，代有人才。民间传说，赵廷俊曾官至知府，与林则徐交情甚笃，因此，赵廷俊去世时，林则徐还亲自为其书墓铭一通，立于喜洲祖茔。赵府虽受数百年风雨侵蚀及人为破坏，但至今保存较为完整。如此规模的官宦府第，在西南诸省已属十分罕见。进入赵府，古朴幽深，时间仿佛倒流，令人浮想联翩。

赵府是清代早期的白族民居，为"一进四院五重堂"

一中
一国
一名 1 2
一镇   3 4
一． 1.杨品相宅大门
一云 2.杨品相宅小门
一南 3.赵府大门
一喜 4.赵府走廊
一洲

的典型建筑格局，寓意"进士"。整座大院坐西朝东，采用中轴对称的平面布局。大门开于庭院东北角，为三滴水有厦造型，惜飞檐斗拱及门旁石狮已毁。室内房屋与廊下的屋檐台俱用六角青砖铺地，墙面除有题字、绘画的部位外，也贴六角青砖以增加防护，整个院落坚实耐用，美观大方。院内天井相对较窄小，用花岗石条铺地。主房和偏房均为三开间二层楼的结构。不同之处在于，偏房为带腰厦楼房，有宽敞的走廊；而主房为"一照两面"的土库房，走廊相对狭窄。整个院落在装饰上，既无精雕细刻，亦无浓墨重彩，装饰简朴，除青砖、青瓦、青石外，佐以淡雅的水墨画及简单的石木雕刻，以黑白为基调，显得古朴素净，透出一种强烈的朴素美和深厚的文化气息。

赵府的建造质量非常高，虽历数百年风雨，却巍然屹立，而且结构紧凑，布局合理，方位优越，冬温夏凉，十分宜人。平时进入各院，只能沿偏房的屋檐台穿行，而遇到佳节大典、迎宾接客之时，则四个院落张灯结彩，"一照两面"房屋的堂屋门都得打开，从大天井就可轻松到达各院。

赵府占地约 15 亩，隐藏于深巷之中，就像其主人一

样，虽然才华横溢，但却谦以待人，毫不张扬。要游览赵府，必须经过一条长约三百米的古巷，不禁让人有曲径通幽的感觉。由于藏得太深，所以，喜洲人还有这样的说法，如果你听不到别人说话，是因为"住进了赵府，才听不见"。

张进士府

张进士府位于喜洲市户街，俗称"官府"。该院临街而建，方位优越。张府是晚清进士张仕锃的府第。张氏书香传家，缨冠世宵，清代曾有兄弟、叔侄连登科甲的美谈，"一门三进士"、"叔侄四举人"，名噪一时。

该宅建成于光绪年间，晚于赵府近百年，故在布局、结构和装饰上，与古朴简约的赵府迥然不同，注重雕饰、彩绘等工艺，呈现出极强的富丽风格。开始娴熟使用各类

五面石，用较粗糙的"核桃皮五面石"砌石脚，用精细的"芝麻花五面石"作门堆，使房屋基础更加牢固。又将白族民居"三坊一照壁"、"四合五天井"的平面布局确定了下来，成为喜洲白族民居建筑风格发展变化的一个重要的实例。

张府大门原来修得十分气派，有一对高大的威风凛凛的大理石石狮，可惜早年已毁。进入大门之后，里面有一道门巷，分别通往三座大院，而三座院落相邻却并不相通，各有各的大门，盖因其为大家族共同居住的缘故。三座院落中，有两院是"四合五天井"的平面布局，一院是"三坊一照壁"的布局，房屋均为"带腰厦"的结构。从平面上看，其"四合五天井"的院落已呈方形，走廊宽敞，天井宽大明亮，用重达千斤的条形花岗石铺砌台阶，用重达数百斤的"核桃皮五面石"垒砌墙基，再也见不到用砖包得严严实实的"土库房"的影子。不仅整个院落的通风和采光有了很大的提高，在实用性方面亦有较大的改善。

由于破坏严重，又没有很好地保护和修缮，张进士府损毁较为严重，风韵难寻，面目全非，失去了昔日仕宦府第的气势和光彩。

寺庙建筑

圣源寺

圣源寺，明代碑刻称为西山观音寺，位于喜洲镇庆洞村南，庆洞完小曾在寺内办学。该寺位于苍山五台峰下，坐西朝东，采用四合院式的平面布局。据寺碑记载，圣源寺始创于唐初，鼎盛时有殿庵楼堂数十所，至唐贞观间，观音大士开化大理，在此现身，黄鹿白象显瑞，祥光弥岭，南诏蒙氏随之建寺。圣源寺初建时，为坐北向南的布局。大理国以降曾多次重修。明初，喜洲本地著名白族学者杨黼曾集资修葺，相关情况见于《重理圣源西山碑记》。明末，圣源寺毁于水灾，仅存钟楼。康熙三十八年（1699）重建，改为坐西朝东的布局。光绪十一年（1885），又曾重修。

圣源寺现有建筑为光绪年间原物，正殿五开间，为歇山顶建筑；南北厢房各5间，东厢房7间，明间为门道，

均为悬山式二层楼房。正殿明间与左、右次间有24扇木格子门，上雕《白国因由》故事，为圣源寺住持、著名高僧寂裕和尚刊刻，以精湛的艺术手法形象地叙述了大理白国在观音菩萨的帮助下的开国历史。每幅雕刻都有简洁的文字说明，是极为宝贵的艺术瑰宝，惜已毁于"文化大革命"期间。大殿前廊望板之上有彩绘佛教故事，线条清晰，色彩鲜艳，技法精良，亦为画中上品。

圣源寺大殿以南15米有一亭阁建筑，因阁内供有喜洲白族普遍信仰的"观音老爹"塑像，被称为"观音阁"。观音阁坐西朝东，原为圣源寺的钟楼，取南向。明末，圣源

```
      2    5
    3  4  6
  1        7
           8
```

1. 观音阁
2. 圣源寺
3. 民国碑刻
4. 清代碑刻
5. "观音老爹"塑像
6. 大殿廊下装饰
7. 大殿山尖装饰
8. 观音阁翼角

中一国一名一镇·云一南一喜一洲一

寺主体建筑为洪水所毁，钟楼独存。康熙三十八年（1699），重修圣源寺，钟楼则改为东向，与寺分隔自成一院，从此改名为"观音阁"。观音阁为重檐歇山顶亭阁式建筑。阁分两层，上层三开间，下层五开间，有木梯通达二楼，斗拱粗大，无纹饰。观音阁三面封闭，东面明间开有六扇格子门，次间为直棂窗。回廊山墙亦封闭，上有砖雕仿木构斗拱。

观音阁至今保持了元末明初的风格，为大理地区现存木构古建筑中年代最早者，1987年公布为云南省第三批重点文物保护单位。

大慈寺

大慈寺，俗称绿瓦寺，盖因过去屋面以琉璃瓦铺设之缘故，故而得名，位于寺上村北面，是喜洲最大的寺庙之一。虽然名为佛教寺院，但在院落布局与所祀神灵等方面，大慈寺却囊括了"释、道、儒"三教的内容，不独以佛教为尊，故过去大门两侧有楹联称："三教同心忠恕慈悲感应；上善若水澄潜沉浮浑论。"以佛教之名，行多元化的信仰，正是村镇寺庙较为常见的一个特点。

大慈寺的主体建筑可分为四个大的院落，在平面上呈"田"字形。

第一院为"观音殿"，位于平面的右下角，大门开于南厢房之明间，为三滴水的结构；东西厢房均为三开间悬山顶之建筑，东厢房内祀有孔子牌位、文昌帝君与宏山本主的塑像；观音殿坐北朝南，面阔五间，前后周围廊，重檐歇山顶，殿内所祀神祇具有鲜明的地方性与民族性，由西向东分别塑有佛母、观音之大姐（普贤菩萨）、观音之母亲、观音、释迦、观音之父亲、观音之二姐（文殊菩萨）、地母；

大殿北侧廊下还供有药王。

第二院为"玉皇阁"，位于平面的右上角，为三开间、三层楼阁式建筑、斗拱出五跳；一层廊下塑有四大天王，殿内由西向东祀托塔李天王、王母娘娘、达摩祖师；二层塑玉皇大帝；三层塑太上老君与元始天尊；门前有楹联云：皇寿无疆万古千秋永膺祀典，帝恩广被群黎百姓同上春台。玉皇阁高七丈许，登斯楼凭窗远眺，则大理坝子一览无遗，苍洱大观尽收眼底。

第三院称为"奇观堂"，位于平面的左上角，为三开间悬山顶之建筑，内祀孔子及其弟子牌位。其墙面题字多为盛赞孔子圣贤之内容，如："仪范百王，师表万世"、"先孔子而圣者非孔子无以名，后孔子而圣者非孔子无以法"、"气备四时，与天地鬼神日月合其德；教垂万世，继尧舜禹汤文武作之师"等。关于"奇观堂"之得名，当地还流传着这样一则故事：喜洲人崇文好学，为表达对孔子的敬仰之情，而修建了一座文庙，不曾想却触犯了朝廷乡镇不得设文庙的律条，于是官府派员追查，喜洲人得到消息后，连夜对文庙进行了调整，稽查官员至喜洲后，所见所闻与举报大不相同，连呼"奇怪"，事后，喜洲人即根据"奇怪"之谐音，

2
1

1.观音殿所祀佛像
2.观音殿

改称文庙为"奇观堂"。

第四院为"魁星阁",位于平面的左下角,为三开间重檐歇山顶楼阁式建筑,二楼祀魁星,正面有墨书"文明"二字,字大如斗,十分苍劲有力。过去,喜洲人赴考进学,则至此祈愿答谢。

但凡名刹皆有神奇之故事,盖因佛法灵应而信者甚众,方能流传久远,于此而言,大慈寺亦不例外。相传建寺之时,观音殿前的古井内有木材源源不断地漂出,不多不少,刚够建寺所用;又云,有白鹤栖于古柏之上听寺僧讲经,日久而得道成仙。不管传说之真假,大慈寺的确是大理修建较早的寺宇,从方志的记载来看,其始建之年代甚至可追溯到唐代。景泰《云南图经志书》卷五《大理府人物》载:"张健成,喜洲人,唐时入觐,过成都大慈寺,观焉。适寺钟新成,僧戒曰:'击钟一声,施金一两。'健成连击八十声,僧惊问故,曰:'南使张健成也'。僧为易名曰化成,复语曰:'佛法南矣。'

遂学佛书，归授乡人。"据说，张健成返回家乡后，即在喜洲兴建了大慈寺。

灵会寺

　　灵会寺位于喜洲上院塝村北之万花溪口，因寺内原有古梅一株，故又称"唐梅寺"，白语称为"老忍"，意为"老佛寺"。灵会寺始建于南诏时期，大理国时段氏又在原来的基础上进行了大规模扩建。据明成化十七年（1481）《处士杨公同室李氏寿藏》记载："公姓杨，讳寿。按《白史》，公之始祖乃院塝一长者，无嗣。夫妇默祷于上苍。园中李树唯结一实，其状甚大。月下闻婴儿哭泣，夫妇注视，果

2
3
1
1. 魁星阁
2. 玉皇阁
3. 奇观堂

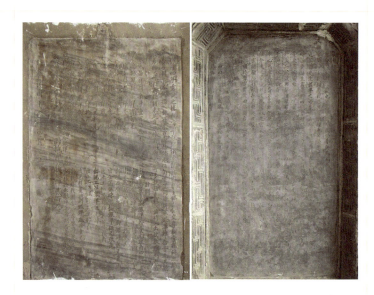

见□□□两半，内生一女，颜貌异凡，抚育至长，于江边洗濯，忽有檀木一段，逆波□□□有孕。是知本境元主，乃生二子，遂以段为姓，曰思平、思胄，功盖耿□□□□时，建灵会梵刹。今本寺圣母，即前女也。"

民间传说，过去灵会寺的僧人早上开门、晚上关门都要骑马代步，可见寺院规模之大，并非一般。灵会寺侧原建有钟楼一座，上悬明永乐年间所铸大铜钟一口，声闻百里之外，每当万花溪发洪水，就撞此钟以召集四乡民众前来各按地段防洪，平时不得撞击。

灵会寺虽于元明时期有过修葺，但终因年代久远，已不复见当日之盛况。流传至今，所存者唯房屋数间与"懿慈圣母"之塑像，千手观音、天王等像均已荡然无存。关于前面所说之唐梅，直到清初尚存芳姿瘦影。清康熙时任云贵总督范承勋有《咏灵会寺唐梅》一首，云：

乱云荒草拍幽奇，
谁向花间一赋诗？
洱海清波横瘦影，

苍山古雪映芳姿。

已除积石孤根稳，

更剪繁枝老汉宜。

千载插来南诏树，

至今犹说是唐时。

到了清代中期，古梅却已逐渐老态龙钟，临将凋落。白族女诗人周馥《同紫籍夫子过灵会寺忆唐梅》云：

莫谓花非昔，

无今不成古。

安知唐寺前，

地弗杀榛楚。

殷勤递培护，

降雪霏不圃。

云廓小迟回，

野鹤欣欲舞。

灵会寺在大理白族之间有很强的影响，时至今日，每年农历二月初八，喜洲一带的村民都来赶庙会，祭祀懿慈圣母，求子求孙，禳灾除病。

紫云山

1 2 3

1. 民国碑刻
2. 清代碑刻
3. 紫云山大门

紫云山位于喜洲镇市上街口，与"十皇殿"、"苍逸图书馆"等建筑相对，在路之南，由前后三个院落组成，平面为坐西朝东之布局。大门开于前院大殿漏角天井东北角，为平头式之结构；第一院大殿三开间，内祀"关圣帝君"像，关羽居中而坐，赤面黑须，绿袍皂鞋，右手捋须，左手执《春秋》，正在秉烛夜读；关平捧"汉寿亭侯"印、周仓持"青龙偃月刀"分别侍立于左右；门外有楹联一副云："大丈夫盖世英雄总不越纲常伦纪，古圣人盟心结义都可质天地鬼神"。又殿后廊下居中靠墙处，供有韦陀菩萨像一尊。

第二院有房屋三坊，俱为三开间之结构，两侧厢房空置，唯大殿塑有神像五尊，从南至北依次为：达摩、玄帝、观音老爹（男性观音像）、文昌、伽蓝。此外，大殿南侧有耳房一间，是为三官殿。

第三院仍有房屋三坊，斗姥阁位于院之西侧，为三开间重檐歇山顶的楼阁建筑，阁内塑斗姥立像，双手执日月，上悬"位中天"匾，两侧挂"斗父龙汉祖劫周御国王天尊"、"斗母巨光天后元明道母天尊"、"当生当照本命元长星君"、"中台六淳司空星君"等神幡；其北配殿为三开间悬山顶之结构，内塑地母像；南配殿之形制与北配殿相仿，现为"喜洲村老龄协会总会"所在。

整座"紫云山"院落，规模宏大，殿宇雄伟，在大理白族村落之道观中亦属较大者。更喜门外有大青树一棵，虬枝苍劲，阴翳蔽日，拔地而起，高达四十余米。每当暮色苍茫之时，数百只鹭鸶觅食归来，树冠之上满是白茫茫的一片，群嬉欢跃，声闻数里，村民与鸟儿和谐共居，可谓苍洱之一大奇观。

神都

神都为喜洲庆洞村的本主庙，也是白族"绕三灵"活动的中心区域，位于村之西南。本主为南诏清平官段宗牓，号"大圣西来护法灵镇五峰建国皇帝"，是一处具有典型白族风

格的宗教建筑。庆洞村在喜洲诸村之中，规模人口均不在前列，但由于本主段宗膀之等级位居大理坝子其他本主之上，因而其本主庙"神都"就建造得相对宏大。整座庙宇坐西朝东，分为前后二院，中轴线上依次建有照壁、山门、财神殿、过厅、大殿等建筑，白族民间亦将此种形式称之为"天地配"。

照壁 建于山门之前，结构上采用了等级最高的"独脚"形式，壁心绘有麒麟、芭蕉、元宝图案，寓意吉祥丰足、国泰民安。照壁前有砖砌香炉二座，供信众焚香之用。

山门 与照壁相对，建于高台之上，为三开间歇山顶之牌楼式建筑，上施斗拱，绘有彩画。大门三道，均绘有门神，唯左右二门日常并不开启，正门额枋之上则悬挂"神都"金字匾额。山门两侧又各有门屋一间，塑牵马神二尊，马称"赤兔"、"白骥"。

财神殿 建于前院天井之内，为三开间单檐悬山顶建筑。无门窗，明间后檐墙前塑财神赵公元帅像，次间以前檐墙围护而无后檐墙，作为进出的通道。

过厅 为三开间单檐歇山顶建筑，连通前、后二院，前廊无门窗装饰，两次间以后檐墙围护，明间则开大门一道，供人们进出之用。次间西南、西北二角砌有神坛，分别祀猪王、牛王。

大殿 建于后院天井西侧，为三开间单檐歇山顶建筑，前廊无门窗装饰，但檐枋、云头均绘有彩画。后檐墙砌神坛，祀本主及众位配神。明间檐下悬挂有"护法神宫"金字匾额，脊柱以彩绘盘龙装饰，龙首相望，呈二龙抢宝之势。

除中轴线上的建筑外，前、后天井南北两侧均建厢房，俱为单檐悬山顶之建筑。其中，后院南厢房祀本主配神，其余各屋则内设灶台、桌椅等物，供信众作厨房使用。又后院天井内建有水池二处，周围均以大理石栏杆相砌。

工艺特点

喜洲白族民居是白族建筑最高水平的代表，其平面布局、构架形式、装饰风格都不同程度地受到内地建筑形式的影响。可以说，喜洲白族建筑不仅是中国传统建筑的一个子系统，同时也是中国优秀民族文化不可或缺的一个组成部分。同时，在借鉴内地建筑技术的基础上，大理白族结合自身环境特点，充分利用当地自然优势，通过长期的实践，形成了一个相对完整的地方建筑技术体系。这一体系具有以下几方面特点。

构架类型丰富多样

喜洲白族所居之洱海地区，地形地貌复杂多样，为了适应平坝、坡地等不同的地理环境，抬梁式、穿斗式等不

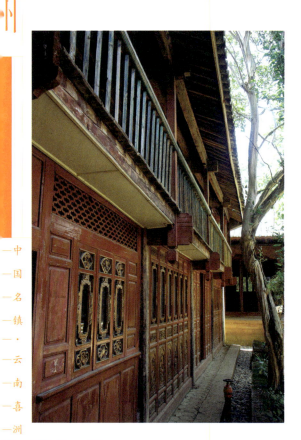

同的构架类型在建筑上均有使用。其中，抬梁式多用于中间架，具体的做法是：于屋基上立柱，柱上支梁，梁上再立短柱，同时横置檩于梁的两端，用以支撑屋面。这种结构的优点是可以减少室内柱子的数量，获得较大的使用空间；缺点是耗用木材较多，抗震、抗风性能不如穿斗等形式。穿斗式多用于山架，具体的做法是：亦于屋基上立柱，但柱上不用梁，而是直接用柱子承檩，柱间则以穿枋加以联系。这种结构的优点是各部件之间联系紧密，具有较好的抗震、抗风能力；缺点是屋内空间不够开阔。喜洲白族民居将穿斗式与抬梁式结合使用，发展出走马楼、带腰厦楼房、挑厦楼房、吊柱楼房、土库房等不同的构

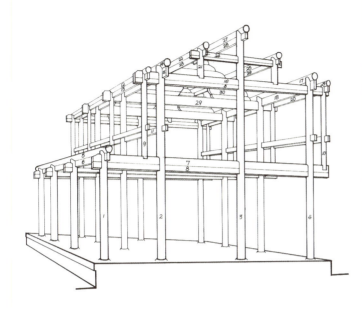

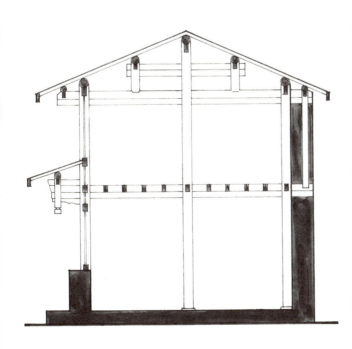

2

1　3

1. 吊柱楼房
2. 带腰厦楼房结构图
3. 挑厦楼房构架

架类型，既保证了房屋结构的坚固牢靠，又加大了室内空间的利用率，在构架组合上具有较高的科学性和合理性。

平面布局配置灵活

　　喜洲白族民居的平面虽大多采用中轴对称的布局，但在使用上却显得更加的灵活。常见的平面类型除了一坊一廊、两坊一耳等简单的布局外，尚有"三坊一照壁"、"四合五天井"、"六合同春"等多种复杂的形式。这些平面布局虽然大小规模有所不同，但都能充分协调利用庭院、大门、房屋、墙体等构成要素，进行灵活的配置。于是，从大门到主房就有可能经过小天井、大天井、屋檐台等多重空间，从而给人以曲折幽深、富于变化的感受。由于每个院落的平面布局大小不一、形式有异，因此，走进喜洲古镇，沿

1　4
2
3

1.土库房
2.带腰厦楼房
3.抬梁式结构
4.三坊一照壁

中一国一名一镇·一云一南一喜一洲一

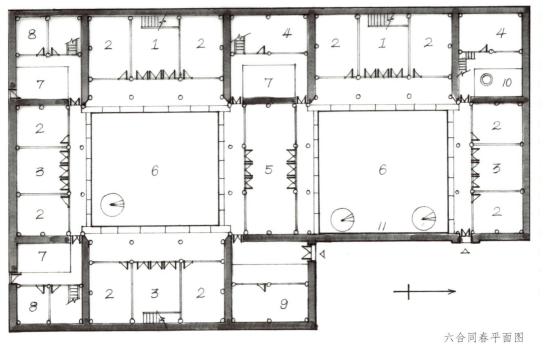

六合同春平面图

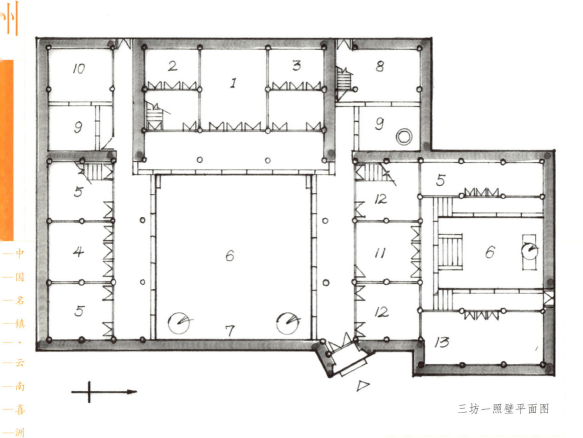

三坊一照壁平面图

中国名镇·云南喜洲

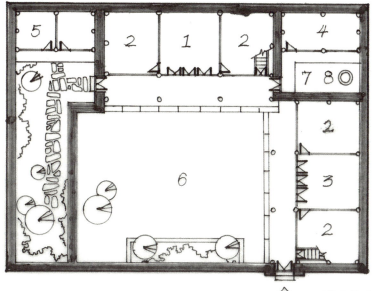

两坊布局平面图

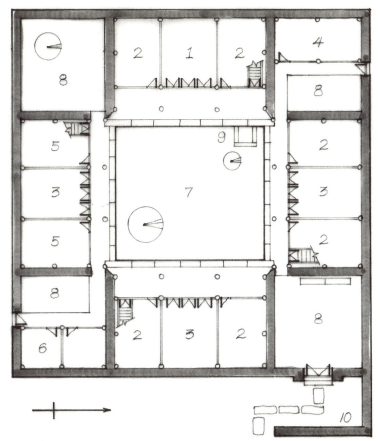

四合五天井平面图

着铺有青石板的大街小巷信步前行，就能看到两侧的房屋错落有致，高低起伏的屋面就像音符一样，奏出了白族人在院落布局上的细致与精巧。

土石工艺水平高超

喜洲白族传统民居虽然以木质的梁、柱为承重的构件，但对墙体的作用亦极为重视。常见的墙体有如下几种：一为夯土墙，以木板相夹夯筑而成，下部用块石勒脚，整个

石墙

墙面外侧形成收分；二为土坯墙，又称土基墙，以拌有草金包玉墙面

筋之泥土为原料，用模具套制成土基，晾干后以其砌成墙体，

下部也用块石勒脚。三为卵石墙，大理民间有言"石头砌

墙不倒"，卵石墙为大理三宝之一，此种做法历史悠久，唐

代樊绰《蛮书》即有"巷陌皆垒石为之，高丈余，连延数

里不断"的记载，其原料主要是苍山十八溪中随山洪奔流

而下的卵石。白族造墙的工艺，可用下面一段口诀来表述：

条石做墙脚，加强四大角。

角柱料石砌，或作金包玉。

墙分上下段，楼面为界线。

下石上土基，厚度不改变。

砌墙要错缝，竹木做墙筋。

墙顶石板封，山墙加腰檐。

粉面、贴砖、穿花衣，

土墙防水切切记。

　　这段口诀的大致意思是，墙体下部要以条石勒脚，四角最好用条石或砖进行加固；在土坯墙外贴砌一层青砖，即所谓"金包玉"的做法；墙体以楼板为界分为上下两部分，下部多夯筑而成，上部则常以土坯垒就；土基要以竹木为筋，砌于石料之上，厚度不能改变，砌墙时需错缝对接；为防止雨水的浸刷，墙顶要用瓦石封死，两侧山墙还要加一道腰檐，同时，墙外需贴六角形青砖，并以石灰等粉刷勾线。

装饰手法丰富多彩

　　如果说通过平面布局与构架形式，人们看到了喜洲白

族建筑与内地建筑之间紧密的联系，那么，其细腻精致、丰富多彩的建筑装饰，则体现了较强的民族性与地域性。喜洲白族建筑装饰的部位以大门、隔扇、窗洞、梁头、照壁、山尖等为主。其中，尤以大门与照壁最具特色，如装饰华丽的三滴水"有厦大门"，不仅出阁架斗，而且描彩涂金，尖长的翼角翘起如鸟展翅，斗拱重重密密，显得十分华贵精致；而照壁则建得比例适中，除屋面起翘、檐下饰以彩画外，其余部分则以白墙为主，只在居中部位镶嵌一圆形山水大理石，或题以寓意吉祥、反映家声的大字，整体上显得疏密有致、清雅秀丽。常见的装饰手法有彩画、墨画、木雕、石雕、泥塑、砖雕等，色调以黑、灰、淡绿、淡蓝和白色为主，清新淡雅而又不失节奏变化。用于装饰的文字、图案均包含有浓郁的文化气息和深刻的思想内涵。文字多为唐诗宋词、警句格言、吉祥祝语之类；图案则有动物、

植物、人物、器物之分，其内容不外乎与祈福禳灾、励志
陶情有关。

防震措施切实有效

大理地处地震多发地带，仅1925年大地震，大理县就
死亡1200人，伤551人，多数房屋倒塌。因为地震的缘故，
所以当地的工匠十分注意建筑的抗震性能，并通过实践总
结出了一套规律。1962年，云南省设计院王翠兰老师，曾
对白族民居作过详细的调查，并向大理、剑川、洱源等地
的匠师了解白族建筑的抗震措施。为了增强住宅的抗震能
力，喜洲当地的做法主要集中在以下几个方面。一是"五
柱落地"，即两侧山架用穿斗式，有五根柱子落地。二是"扣
榫认真"，除梁柱要用扣榫外，檩与檩之间、楼楞与楼楞

之间也要扣好，扣榫的关键是要把榫眼打好，不能外面看盈，里面为空。三是"多用串枋"，串枋分为三种，在中柱顶部以下40厘米处，将各举架的中柱串连起来的叫"三间箍"，在楼面以上约一米多处，将一榀举架上的各棵柱子串连起来的叫"穿枋"，在楼面以上约七十厘米处，将一排檐柱串连起来的叫"三间串"。四是"土墙厚实"，墙要筑得厚、筑得牢，关键还是看做工，夯筑时土中要加入石子，四个人一天只筑一板半，此所谓"筑墙不如歇墙"之意。五是"使用墙筋"，民间有言"前三十年梁抬墙，后三十年墙抬梁"，因此，要在墙中加入竹木等墙筋，以此来增加墙的硬度和韧度。

1
  2
   3

1. 有厦大门立面图
2. 认真扣榫
3. 墙筋

房屋营建

喜洲白族对居住的环境非常重视，民间有言"六六三十六，起房建屋"，一个人到了三十六岁，还不能建盖一幢像样的住宅，就会被邻里所鄙视。因此，无论是仕宦商贾，还是平民百姓，皆视房屋营造为人生的一个奋斗目标，房屋的建盖过程自然也受到格外的重视。这一过程包括"择日起工"、"竖柱上梁"、"合脊乔迁"、"安龙奠土"等环节。

择日起工

择日定向 在开工前请地师测算动土上梁等的吉时吉辰，是喜洲白族建房必不可少的仪式。地师择日，主要是通过男女主人的生辰八字来推算建房的合适日期，测算好后即用毛笔将房子的坐向、造主夫妇的生辰八字、起工驾马的时间和方向、竖柱的时间、送木神的时间和方向、上梁的时间等依次写在红纸上，这张红纸称为"择吉竖造吉课"。择日有禁忌和讲究，一般忌在本命年建房，同时，长子长孙不能相冲相犯，日子多以逢双为吉。

择日的同时，还要确定正房与大门的朝向。正房取向以靠山来定，所谓"正房要有靠山，才坐得起人家"。由于苍山为南北走向，加之喜洲常年吹西南风和西风，所以正房多西靠苍山，朝东而建。大门取向以开于东北者为最吉，但亦视具体情况而有所不同。一般而言，大门鲜有朝南开者，盖因南方五行属火，而木结构房屋畏火之故。

动土上墙 动土前要用茶、酒等祭品敬献土地，请求土地神谅解和佑护。破土后，为了防止财水外流，挖出来的土要用来填充宅基，而不能随便往外倒。此外，何时动土也要预先通知左邻右舍，让他们有所准备，以免被土地神的"伤气"所伤及。地基的开挖需按地师择定的方向进行，

中
国
名
镇
·
云
南
喜
洲

如是旧屋重建,在开挖地基前还要先把旧房拆除。土方挖好,接着就要下石脚。石脚的下法按照"铺底一层、出土一层、脱泥一层"的方法进行,即将石头在土层上下各铺一层,然后,再在地基外围砌上一层。

下完石脚,便要上墙。上墙分为两个阶段。动土之后所筑者为第一阶段,以夯土墙为主,采用板筑之方法,一般是 0.3 米一层,0.7 米一板,筑至约 2.5 米高即可。如此,即可增强梁架的稳定性,又不影响房屋上部的施工。剩余部分墙体,则以土坯墙(土基墙)为主,砌达二楼屋檐以下,需俟竖柱、上梁完成之后方能进行,是为上墙之第二阶段。

起工驾马 亦按地师测定的时辰进行。正式开工前,先由掌墨木匠从中梁上锯下一片圆木,于居中处写上"圆木大吉"或"木王之神"四字,再于两侧书对联一副:"曲尺童子,墨斗星君"。书毕交由造主保管,每日焚香敬祭,直

祭本主

至送木神时方取出焚毁。掌墨木匠锯完这第一锯后，其他木工活计才能开始。

竖柱上梁

祭本主 在喜洲，竖柱前有祭本主的习俗。届时，莲池会的两位经母会带上猪头、猪肉、猪肝、鸡蛋、鸭蛋等供品到本主庙祭拜，以求本主保佑造主家宅平安、风调雨顺、人财兴旺。祭拜从本主神开始，首先要添香油，点蜡烛，上香，奉茶，奉酒，奉糖果，并献上一碗撒有茶叶的大米。接着就进行"生祭"，祭品为提前准备好的一些生猪肉。随后是"熟祭"，祭品为猪肉、鸡蛋、鸭蛋、鱼等熟食。祭本主的时候还要说些祈福的话，其内容因祭拜的神灵各异而有所不同。

竖柱 竖柱由掌墨木匠指挥，村中前来帮忙的已婚男子按"择吉竖造吉课"择定的方向先立一根柱子，以示在吉日吉时竖柱。接着，众人齐心协力用绳索、撑杆将其余的柱子一一竖好，并用梁、枋等构件将山架与中间架扣合在一起，只留下中梁不安装。竖柱此日，亲朋好友还要书写

对联送与造主，赞扬其勤劳致富、艰苦奋斗建房，造福子孙后代，所建房屋经久耐用，能够让人安居乐业。对联张贴的位置亦有讲究，与造主关系最为亲密者，如兄弟、姊妹等多张贴于中间架前、后檐柱之上，其中，尤以明间后檐柱最为尊贵；与造主关系稍微疏远者，如叔伯兄弟等则多张贴于山架前、后檐柱之上。

送木神　于上梁前一天进行，因忌遇妇女，时间一般选在深夜。仪式开始后，在宅地正后方插三炷香，并请出"圆木大吉"进行祭拜。祭毕，掌墨木匠先用木槌在梁柱上敲打数下，然后抓一把土，带上"圆木大吉"，边往外走边喊："土气、木气，一齐出去，万事大吉利。"这时，徒弟们用竹箩装上纸旗、木马、木槌以及茶、盐、酒、米等物，紧紧跟在后面。师徒几人来到村外有水的地方后，将香点好，生起熊熊大火，一面以茶、盐、米、酒向四方祭拜，一面将"圆木大吉"焚烧。待携带来的东西食完、烧尽，方始返回。进门后，要先去厨房一趟，据说灶君老爷可以驱邪，进入厨房后便可以防止鬼魂缠身。

宴客　在上梁仪式之前举行。开席时要鸣炮，入席以老人为先，老人坐定之后，其他客人才能入座。入席时男女有别，一般是男子入男席，女人和小孩入女席。除了男席

3
1 2

1.竖柱
2.喜房对联
3.送木神

宴客

有烟、酒招待外，菜色都是一样的，为白族传统菜肴"八大碗"。八大碗由粉蒸肉、白肉、酥肉、东坡肉、一座盘、煮白扁豆、煮木耳、煮竹笋构成，风味独特，酸辣可口，不仅体现了白族精细的烹饪技术，而且还带有吉祥寓意在里面。如，粉蒸肉表示家宅平安、相处和睦、顺顺当当；白肉表示清清白白、吉祥如意；酥肉表示舒舒服服；东坡肉表示甜甜蜜蜜；一座盘，由盖头和垫底两部分组成，盖头部分由卤瘦肉、卤肥肉和卤猪肝各八片组成，中间是一个鸡蛋，鸡蛋分成八块，垫底部分是各种凉菜，吃起来很是爽口，因"八"与"发"谐音，故表示家庭和谐，大发大旺。

上梁 为房屋营建中最隆重的仪式，其过程大致可分为三个阶段。最先开始的是"祭梁"仪式，由村中两位有文武功名、德高望重的老人负责主持。两位老人的装扮十分独特，除了要身着礼服之外，脊背上还各插一面青色、蓝色的小旗，旗上写着他们的姓氏，旗杆上则刻有他们的头衔和职务，用以象征"文曲星"与"武曲星"的身份。祭梁时照例要上香、唱吉词，祈求万事顺利，同时还要感谢木匠师傅、泥水师傅的辛勤劳动。

随后进行上梁的仪式，由两位木匠手握斧头，顺着梯子爬向"仙人桥"（搭在过梁上的脚手架），他们边爬边唱：

梯子、梯子你莫摇，
鲁班弟子借你上天堂。
左踏一脚出富贵，
右踏一脚中状元。
上了一台又一台，
弟子来到仙人桥，
庆贺主人大吉大利大发旺。

到达仙人桥后，两人一边从空中放下红绳，一边唱道：

空中吊下一对绳，
绳是什么绳？
绳是东海龙王金丝绳。

下面的木匠把绳子拴好在喜梁的两端后，上面的两人一边小心翼翼地往上提，一边唱：

左边拴的连环扣，
右边拴的扣连环。
摇摇摆，

上梁仪式后的喜房

摆摆摇，
摇摇摆摆上天堂。

放梁时两人又唱：

紫金梁、紫金梁，
你在山中做树王。
今日鲁班黄道日，
弟子用你做中梁。
中梁上在正位上，
保佑主人清吉平安大发旺。

破五方

喜梁放置妥当后，两位木匠又吊上五龙水、鲁班旗、挂梁布、喜馒头等，然后开始"破五方"。破五方的时候，两位木匠将馒头、硬币从空中不断抛落，而大人、小孩则在房下蜂拥争抢，场面十分热闹，一片欢声笑语。破了五方，整个上梁仪式方告结束。

合脊乔迁

合脊 又称"合龙口"，在房屋粉刷完毕、盖瓦即将完成的时候举行，由泥水师傅负责主持。是日，造主将族内或村中德高望重的长者二人（需双数，也可以为四人或六人）请到家里，并在天井中置一案桌，供公鸡、熟猪头、文房四宝、四色水果等祭品。准备停当，先敬泥水师傅苦茶一杯，饮

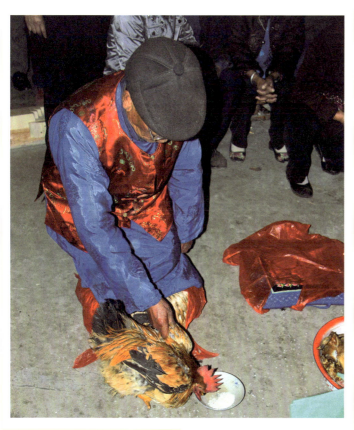

开光

毕又敬一杯甜茶，寓意苦尽甘来。泥水师傅抱起公鸡、携文房四宝沿梯子到达房顶后，以公鸡血先点左、右屋脊翘角，再点屋脊正中处，接着，将老黄历、文房四宝、宝气（银元、玉器之类）放在正脊中央之"龙口"内，再用瓦片将"龙口"紧紧盖住，并在屋顶插上各色彩旗，鸣炮以示新房泥瓦工程顺利结束。

乔迁 根据择定的吉日、吉时进行，时间多选在深夜，外人不得参与。正式乔迁之前，房主会在新房堂屋的供桌上摆一罐米、一罐水、一杯茶、一杯酒，两个罐子均系有红布，称为"挂红"，以表示迁居新房的喜庆。罐中之米有希望五谷丰登的寓意，水则是生命的象征，同时也表示希望今后的财源能如水流一般。俟夜深人静，主人一家就用手推车载着东西搬入新居。在路上若遇行人，切记不能与之交谈，否则便会对主人家不利。

安龙奠土

请水 安龙奠土仪式，亦于地师择定的日期进行，一般是房屋建成后翌年农历的二月或八月。整个仪式较为复杂，从"请水"开始至"起土"结束，共持续两日时间。喜洲白族认为，建房动土难免会得罪"土府"神灵，故需举行所谓"安龙奠土"的仪式来规避五方凶神的侵扰，以达到安镇家宅的目的。

其中，"请水"为仪式首个环节。是日清晨，造主先在大门之上贴"安龙奠土"的横幅，又于字旁挂"东方青帝青龙神君"、"南方赤帝赤龙神君"、"中央黄帝黄龙神君"、"西方白帝白龙神君"、"北方黑帝黑龙神君"的条幡。然后，即由造主子女携海水罐至湖边溪畔汲取"甘露水"，返家后

谈经

装入泥鳅及鸭蛋，将其埋于堂屋中央事先挖好的地洞内。

谈经 由村中"洞经会"主持负责，先在大门立"虚无自然七宝九宸上帝三皇五老日月星斗高真"幡，然后方于堂屋中"开经请圣"。所请诸圣共36位，悬挂经幡书写其名表示。还在中堂处置文昌帝君像，文昌帝君像之下设供桌，供桌上置酒水、茶米、果蔬、干兰等祭品，供桌前又置"七星灯"。七星灯，民间称为"长命灯"，由36支蜡烛组成，盛于托盘之内，表示长命富贵，有增寿之意。开坛接回祖先后，则由洞经会谈演《太上玉清无极总真文昌大洞仙经》，首日谈上卷与中卷，第二日谈下卷。

祭神 是日下午，女主人还要与莲池会的经母一起到本主庙献祭。祭品包括公鸡一只、猪头一个、猪肉一块、鸡蛋一个、鸭蛋一个、素菜八碟及酒水、茶米等。另有兵马纸服十套，需焚烧于本主庙大门两侧之兵马神处。祭神时，除告知家中举行"安龙奠土"的仪式外，还请求本主老爷、文昌帝君等保佑自家清吉平安、六畜兴旺、财源广进、进学顺利。

布城 由地师负责完成，是对安龙奠土仪式的重要准备。此处所云之"城"指"灰城"或"土城"，为土府神祇居住之所。"灰城"绘于三尺见方的红布上，中央为太极八卦，四周城

墙环绕，东南西北各有城门一道，称为"朱雀"、"白虎"、"玄武"、"青龙"，又在四个角上书"土家眷属"、"土子土孙"、"土公土母"、"土侯土伯"等字，用以表示土府众神的居所。"灰城"画好后置于堂屋中央，按不同方位插上象征"五方龙神"的纸衣，并在其周围置茶米、酒水、糖果、干兰、鸭蛋、鸡蛋等供品。

此后，还要将"土府"诸神的牌位安放在堂屋供桌上，焚香敬祭。牌位所列土府之神包括：土皇高皇大帝、后土紫英夫人四时应化天尊、土公土母、土子土孙、土侯土伯、土家眷属。"灰城"布置妥当，地师就要依照《太上灵宝典土科书》请各方神灵降临土坛，证盟修奉；造主夫妇则跪于"灰城"前，地师请到一批神灵后，即三叩首、三献以为敬谢。

绕城 此前，造主夫妇要到大门之外，焚烧纸钱，敬香鸣炮,将"土公土母"与"土子土孙"迎至家中。"土公土母"、"土子土孙"共五人，均由男性装扮。如，扮土公者，上身反穿羊皮袄，头戴破草帽，左手扛锄，右手执牛尾，并在下颚与眉毛等处粘贴上白棉花，以示须眉皆白；而扮土母者，则身穿深蓝色之白族老年妇女服，身背竹篓，耳坠玉环，手拄拐杖，一副老太太的模样。"土公土母"、"土子土孙"进入堂屋后，即按顺时针方向绕"灰城"三圈，接着，又按逆时针方向再绕"灰城"三圈,表示土府神灵也已就位，可以开始谢土仪式了。

谢土 谢土时，"土公土母"、"土子土孙"等即手执道具，环绕"灰城"，以不同之白族曲调，弹唱"五方土"、"十二属"等固定的内容，祝贺主人家清吉平安、大吉大利。弹唱从土公开始，其后土母、土子、儿媳妇、二位土孙依次相继，往复数次方告结束。接着，就由主人夫妇跪于"土府"诸神牌位之前，上表祈愿。将表文焚烧之后，造主夫妇又起身跪于"灰城"之前，在地师主持下，开始酬谢"五方土"；此时，女主人要用力将炒蚕豆、爆米花、钱币等所谓的"五谷"洒向插在"灰城"中不同方位的纸衣上，男主人亦要用"桃弓柳箭"射向纸衣，用镇邪之物安镇五方，以保家宅平安。

起土 五方安镇完毕，接着就进行"起土"之仪式。仪式开始，土公用锄头，循东南西北中的秩序，把"灰城"中的"五方土"铲起，放入事先准备好、用竹纸扎成的小轿之内，土母则手执扫帚将其后清扫干净。然后，由二人抬起纸轿，在"土公土母"、"土子土孙"等的陪同下，按地师先前择定的方位，至门外空旷处将其焚毁。至此，安龙奠土之仪式方告结束。

1
2
3 5
4 6

1. 布置妥当的灰城
2. 绘于红布的灰城
3. 土府诸神牌位
4. 上表
5. 绕城
6. 谢土

文化教育

中国民间
文化遗产
抢救工程
THE PROJECT TO CHINESE
FOLK CULTURAL HERITAGES

SOS

书香世美

大理号称"文献名邦"，喜洲白族有读书的传统。建于康熙年间的大理古城文献楼长联："溯汉唐已还，张叔传经，杜公讲学，硕彦通儒代有人，莫让文献遗风暗消在新潮流外；登楼台而望，鸳岭夕阳，鹤桥小路，熙来攘往咸安业，但愿妙香古国常住于大世界中。"道出了大理儒学教育的悠久历史。而喜洲传统民居中常见的"忠厚传家久，诗书继世长"、"耕读传家"、"书香世美"等题字，又说明了儒家思想在白族民间的普及。纵观喜洲等地儒学教育的兴起与发展，大致经历了以下几个阶段：

唐以前

喜洲儒学教育的发端，与西汉王朝对西南地区的开拓、郡县制在云南的推行有密切的关系。李元阳《嘉靖大理府志》关于东汉元和二年（85）"滇池出神马四，甘露降，白马见，乃建学立师，叶榆之有学始此。"的记载，以及《新纂云南通志》卷一百三十一《学制考一》中有关"返观吾滇，虽开自战国，而语及文化，则实萌于西汉武帝。元狩间，司马相如至若水造梁，距叶榆二百余里讲学，以开西南风气。时滇人张叔疾乡人多不知书，亲负笈往师之，受经归教乡人。同时盛览亦从司马相如游，尝问作赋之法，著有《赋心》四卷。而按道侯韩说，亦于元狩间使滇兴学。常璩《南中志》称云南有古汉学基，盖自说此。……肃宗元和初，蜀郡王阜为益州太守，建兴学校。"的记载，均指古代大理、喜洲等地的儒学教育开始于汉代。

从考古发掘的材料来看，汉代大理地区常见之砖石墓出土的五铢钱、房屋模型、水田模型、陶俑等随葬品，与四川等地汉墓出土之器物，在形制、组合等方面极为

写有"书香世美"的墙壁

相似,而且墓砖铭文亦为汉代常见之隶书。由此不难推见,当时汉文化已在喜洲等地传播与普及。至魏晋南北朝时期,因中原地区陷入长期动荡之中,汉文教育在大理推广的速度有所减缓,但也未曾真正地中断过。所以,《通典》卷一八七才会说,唐初西洱河地区"以杨、赵、李、董为名家,……有文字,颇解阴阳历数。"

南诏、大理国时期

南诏建立以后,曾设立"慈爽"的机构,专管礼乐教化。其时,统治阶层对汉文化持包容接受的态度,曾任命被俘的内地文人郑回为清平官,并让其教授王室弟子。同时,还选派大批学生至成都,进行长期系统的汉文化学习。《文苑英华》卷三五七《书田将军边事》说:"如此垂五十年不绝,其来则就学于蜀者,不啻千百。"记录了当时赴蜀求学的盛况。这批掌握汉文化的南诏子弟,对加速推进境内汉文化教育的发展,起了重要的作用。

从相关文献的记载来看,南诏时期的汉文化教育是较为普及的,甚至在考核选拔罗苴子(统辖百人左右的基层军官)时,也把"能书会算"作为一项考核内容。这样做的好处是,一旦发生紧急情况,只要给各地下发文书,约定集中的地点和日期,就可以调兵遣将,迅速做好战斗部署。故《蛮书》有云:"每有征发,但下文书与村邑理人处,克往来月日而已。"

南诏灭亡经历了短暂的动乱后,段思平建立大理国,给洱海区域带来了更加稳定繁荣的发展时期。在文化教育方面,大理国同样大力推进汉文化在民间的普及,而且受佛教的影响也越来越深,并由此出现了一个既敬佛、又读儒书的"释儒"阶层。因为教育和学习的需要,人

红圭山出土的东汉房屋模型

们对汉文书籍的需求亦大大增加。《南诏野史》载：宋徽宗崇宁二年（1103），大理国派遣使臣"高太远入宋求经书六十九家，药书二十六部"。范成大《桂海虞衡志》亦有类似记载，言南宋咸淳九年（1273），大理商人李观音得、董六经黑、张般若师等到广西横山卖马，求购《文选五臣注》、《五经广注》、《春秋后语》、《三史加注》、《五藏论》、《大般若十六会序》、《都大本草加注》、《百家书》、《初学记》、《押韵》、《玉篇》等书籍，并在求书函中写道："吾闻夫子曰：'君子和而不同，小人同而不和。'两国之人，不期而会者，岂不习夫子之言哉。"可见，大理、喜洲等地诵读儒家经典，已蔚然成风。

郭松年《大理行记》载："……相与使传往来，通于中国。故其宫室、楼观、言语、书数，以至冠婚丧祭之礼，干戈战阵之法，虽不能尽善尽美，其规模、服色、云为，略本于汉。自今观之，犹有故国之遗风焉。"郭松年到大理之时，大理国为忽必烈所平不久，其所见所闻当为宋代大理、喜洲等地的实际情况。

元明清时期

元代以后，中央政府在云南广设书院，推行开科取士的制度。《元史·赛典赤传》载："元至元十三年，赛典赤为云南行省平章政事。云南初辟，男女婚嫁多从夷俗，间有亲死则火之不为丧者，子弟鲜知书。赛典赤教之跪拜之节，婚姻行媒，死者为之棺椁奠祭，教民播种，为陂池以备水旱，创建孔子庙明伦堂，购经史，授学田，由是文风稍兴。"至此，喜洲地区被真正纳入到了中国封建社会的教育体系中来。

经过元代的大力推行，到明、清二代，大理的儒学教育达到了顶点。明洪武二十五年（1382），明太祖发布榜文，要求云南境内的府、州、县学校"宜加共举，本处有司选保民间儒士堪为师范者，举充学官，教养子弟，使知礼仪，以变风俗。"在朝廷的要求下，儒学教育开始深入到喜洲等地的乡村之中。明嘉靖年间，状元杨慎被谪贬至永昌府，一时间随他学习的人数相当之多。由于杨慎、杨士云、李元阳等人的倡导和身体力行，喜洲等地的私学教育、学习风气以及文化建设等都产生了积极的变化。

据《新纂云南通志》统计，从元初至清末的八百年间，大理地区共出进士217人，举人1824人。其中，元代进士1人；明代进士82人、举人810人、武进士1人、武举人9人；清代进士134人、举人1014人、武进士13人、武举人269人，位居云南前列，而喜洲又为大理翘楚。由此可见喜洲耕读风气之盛，文教科甲之发达。在这些进士、举人当中，有许多知名的人物，对大理地区的文化发展产生过深远的影响。例如明代的杨士云、杨宗尧、何邦宪、何文极、尹梦鳌等，清代的张其仁、赵廷俊、杨绍廷、张士锃、赵甲南等人，在大理乃至云南都有一定的声望。

2
1

1.《南诏图传》文字部分
2.杨士云画像

近现代

清朝末年，中国封建社会走到了尽头，甲午海战失败之后，社会要求教育变革的呼声日益高涨。

云南从光绪二十八年（1902）开始筹办新学堂。是年，大理署府骆景宙在敷文书院开办译算学堂；西云书院也附设了自治讲习所和师范传习所。光绪三十年（1904），大理周宗麟、王宗礼、赵泽溥等在府城创办高等小学堂；同年，由周宗洛发起在县立女子师范附设第一两等女子学校。喜洲也于光绪三十三年（1907）兴建了喜洲公立两等小学，于宣统二年（1910）设立了喜洲公立女子小学校。从此，大理、喜洲等地原由府、厅、州、县举办的学官、社学、书院、义学等，纷纷先后改制，办成新式的小学堂、中学堂。

到了民国时期，由于一些实力雄厚的商业集团的支持，喜洲之教育又获得了新的发展。1937年，董澄农、严燮成等人创办五台中学（今大理二中前身），其《发起筹设喜洲中学启事》云："窃以地方之发达与否，关系人才之有无，而人才之有无，又保证教育之兴衰之是视。吾邑素称文献名邦，民国以来乃多偏重商业，顾于国民生计，虽有贡献，唯当此二十世纪，科学文化之进步一日千里，优胜劣败之公例，愈益显著。潮流所趋，是非积极提倡教育、树植人才，不足以资应付。"明确指出兴办教育、培养人才的重要性。为改善教育条件，严子珍还出资国币六万二千一百八十一元，在喜洲兴建了"苍逸图书馆"，图书馆"为室十有九间，置书三千四十六种，为数一万零六百一十三册，悉称善本。"这些措施的实施，对地方教育的发展起到了积极的作用。

正因为喜洲的文化教育经历了长期的积淀，具有悠久的传统，所以时至今日才会出现这样的情形：不少白族人家虽粗茶淡饭，但仍以田间辛劳所得节衣缩食供子女上学，展现出厚重的文化意识，故而喜洲人文鼎盛，代有名流。据不完全统计，现喜洲籍的高级专业技术人员即有一百余位，这在中国乡镇级的村落中也是很罕见的。

1
2
3

1. 五台中学校园一角
2. 苍逸图书馆大楼
3. 五台中学

科甲功名

喜洲白族重视教育，把科甲功名视为社会人生的极高荣誉。读书、读儒家的书，是中国传统社会的文化风尚，也是中国传统教育发展的主线。在民间，读书与家庭的荣誉和前途息息相关，通过科举考试达到进仕的目的，一直是弱势阶层改变自身社会地位的最直接、最有效的途径。因此，就不难理解为何在喜洲的普通白族乡村会出现"为父兄者以其子与子弟不文为咎，为母妻者以其子与夫不学为辱。"的情况。

从另外一个角度来看，把进仕的途径向全社会开放，也是封建王朝巩固统治的一个重要手段。大理在唐、宋时期，曾先后建立南诏和大理国两个少数民族政权，虽然与内地有密切的经济文化联系，但其间也曾发生过战争。明初，朱元璋派傅友德、沐英、蓝玉等人击灭大理

乡进士第

甲科第

段氏后，十分重视对云南的治理。除实施军屯和民屯的政策外，也非常注意发挥文教的作用。朱元璋常对大臣说："用夏变夷，在礼乐诗书之习。"洪武二年（1369）他就已下诏明确提出："治国之要，教化为先；教化之道，学校为本；今京师虽有太学，而天下学校未兴。宜令郡县皆立学，礼延师儒，教授生徒，以讲论圣道，使人日渐月化，以复先王之旧，以革污染之习。此最急务，当速行之。"在明王朝的大力倡导之下，大理地区完成了从读佛经到读儒书的转变，而教育基础较好的喜洲人，亦将科举考试视为参与社会政治活动的重要渠道，从而在边疆民族地区形成了发达的科举文化。

为了激励子弟刻苦学习，早日获取功名，喜洲人想了许多办法。其中最重要的就是树立"先进典型"，进行有关科甲功名的宣传教育。为此，他们专门在古镇的中心四方街修建了牌坊一座，称之为"题名坊"，将喜洲自明代以来的一百余位进士和举人的名录镌刻于其上。试想，将自己的名字高悬于古镇最热闹的地方，供远近村落的乡人瞻仰，这是何等的荣耀，由不得青年学子不努力。

除建立"题名坊"这样的公共建筑来彰显功名教化，激励后学之外，喜洲的一些大家族也非常重视文教的作

用，往往在祠堂等地将族中卓越人物的姓名、成绩刻于
碑刻之上，以增强教育的效果。如，喜洲董氏宗祠的《题
名录碑》就记录了明、清两代董氏一门所出进士、举人、
孝廉、贡生凡五十人。其望子弟科甲连登，光宗耀祖的
思想是非常清楚的。

与树碑立传相对应的是，在喜洲还留下来许多与科
甲功名有关的传说和故事，对喜洲的文化教育也产生了
深远的影响。在喜洲，像"一门三进士，同科四举人"、
"理学名儒，项背相望"这样的事例是很多的，因此，喜
洲人常常会骄傲地对人说："我们喜洲人文鼎盛，明、清
以来，出过二甲进士八十个，举人贡爷数不清。"在诸多
的传说之中，最有名的当属《让解桥的故事》。

相传，明弘治戊午云南乡试，喜洲杨士云与中和邑
村杨宗尧相遇于坡头村桥头，得知对方的行程后，杨士
云对杨宗尧说："此次乡试公当抢元，我亦不作第二人，
然则解元将谁属？"于是，士云以宗尧年长而未赴省城

参加考试。后来，杨宗尧以易经获解元，并遗杨士云丹桂一枝为次科兆。到辛酉乡试，杨士云亦以诗经获解元，一时之间传为佳话，此桥亦被称为"让解桥"。

明万历间，邓川文人艾自修为此还写了一首诗：

解元相让亦奇哉，
让与他人可复来。
让去让来成戏局，
胸中笔下有专才。
功名原属天将数，
两解相期谁把住。
德气潜修龟阙身，
启心动口神天护。
非徒物类两争夸，
云足功夫已到家。
自揣文场无与敌，
后先信手若拈花。

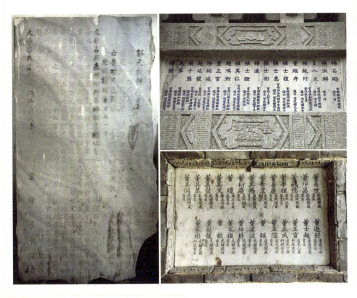

1
2 3
4

1.题名坊
2.让解桥碑记
3.题名坊进士名录
4.喜洲董氏宗祠题名碑

喜洲进士举人名录

姓　名	籍贯（村名）	科第时间	第别	最高宦职
杨 森	喜 洲	明永乐辛卯	进士	四川金堂县知县
	彩云街	明天顺庚辰	进士	黎平知府
李 谆	仁里邑	明成化乙酉	进士	按察司
张云鹏	翔龙村	明弘治壬戌	进士	刑部主事
杨宗尧	中和邑	明弘治辛酉	进士	四川司政
杨士云	大界巷	明正德丁丑	进士	户部左给事中
何邦宪	河矣城	明正德辛未	进士	成都知府
杨 佩	寺下村	明正德庚午	进士	衡州知府
张拱文	翔龙村	明嘉靖乙未	进士	四川湖广按察司、兵备佥事
杨 楠	寺下村	明嘉靖壬戌	进士	户部尚书
杨应东	城北村	明嘉靖己未	进士	
何文极	庆洞庄	明万历丁丑	进士	江陵知县
张云龙	翔龙村	明	进士	邛州学正
杨 谦	城北村	清康熙丙戌	进士	翰林院编修
高 第	城东村	清雍正庚戌	进士	岷山知县
张于恭	市上街	清乾隆乙卯	同进士	台湾台南府知府
赵廷俊	积善邑	清嘉庆乙丑	进士	兴安府知府
董正官	市坪街	清道光癸未	进士	台湾噶玛兰知县
杨绍廷	彩云街	清道光壬午	进士	浙江乌程县知县
赵鸿渐	中和邑	清道光丙戌	进士	江西星子县知县
张其仁	翔龙村	清道光丙戌	进士	湖南盐运使
张士铨	翔龙村	清同治壬戌	进士	宣化知县
张士彬	翔龙村	清光绪庚辰	进士	工部主事
张士惠	翔龙村	清光绪庚辰	进士	内阁中书
张士铿	市户街	清光绪庚辰	进士	琼州府知府
董维序	市坪街	清光绪乙丑	进士	
杨 连	城北村	清光绪丁丑	进士	广西陆川县知县
杨纯珍	四方街	清光绪壬辰	恩赐进士	
张淑麟	上 关	清	进士	
赵映奎	城头村		进士	
董 源	市坪街	明永乐庚子	举人	

何宗显	河矣城	明天顺壬午	举人	
何 官	河矣城	明天顺丁卯		
董 壁	市坪街	明成化丙午		四川巴县知县
董 森	市坪街	明成化庚子		
段德贤	周 城	明成化		山东昌平州知州
段 衮	周 城	明弘治		
董 金	市坪街	明嘉靖己卯		
董 相	市坪街	明隆庆庚午		
董养中	市坪街	明万历丁酉		四川嘉定县知县
杨为祯	周 城	明万历		
段 福	周 城	明		
董 育	市坪街	明崇祯庚午		南直隶户部主事
杨方泰	城北村	清顺治辛酉		
杨 洋	城北村	清雍正丙午		四川达州知州
杨其仁	周 城	清乾隆乙酉		
任国彦	上 关	清嘉庆		
熊万年	大界巷	清道光乙未		湖南州学正
董 鉴	市坪街	清道光壬辰		
张恒泰	市坪街	清道光丙子		
杨上培	周 城	清光绪乙酉		
张立志	周 城	清光绪甲午		
赵景温	大界巷	清光绪乙亥		易门教谕
赵甲南	大界巷	清光绪癸酉		禄丰知县
张继曾	翔龙村	清光绪乙卯		四川彭水知县
张士铎	翔龙村	清光绪乙卯		
张士荣	翔龙村	清		直隶候补县丞
张士镛	翔龙村	清		
张士铸	翔龙村	清		四川仁寿知县
张士鉴	翔龙村	清		湖南候选县丞
张源曾	翔龙村	清		
张辉曾	翔龙村	清		
共 计	62人			

喜洲公立两等小学

喜洲公立两等小学，建于清光绪三十三年（1905），为喜洲地区近代小学教育之开端。校址在喜洲财神殿，建有讲堂3间，礼堂1间，应接室、书记室、校役室、储藏室各1间，设有体操场和厕所。学校设校长1人、校役1—2人、司务3人、书记1人，教员因需要而定，招收学生104人。设国文、算术、礼乐及体操等科目。以喜洲各村的公辅、公田、杂捐及义学款为经费。

民国二年（1913），实施"国民教育"，喜洲地区划为大理县第二区，共设小学23所。第二年，为方便学生就近上学，将23所小学中的第十、第十三、第十四、第二十三等4所学校合并，成立"喜洲高初两等小学校"。以原喜洲公立两等小学所在之财神殿为校址，由严镇圭等人负责改建。建有教室13间以及办公室、教师宿舍、厨房、仓库等36间，辟有运动场和厕所，各种动植物标本和挂图一应齐备。同时，由严镇圭出资购置义学田150亩，以租息作为学校经费，不足部分则由喜洲商人和社会贤达资助。

喜洲高初两等小学校建成后，面向喜洲、沙村、金圭寺、河矣城、庆洞等13个村招收高等小学生，设国语、算术、历史、地理、动植物、乐歌、体操和劳作等科目，招收学生三百余人。1926年，改校名为"大理县第二区第一完全小学"。新中国成立后，改为"喜洲第一完全小学"。

喜洲小学

淑川女子小学

淑川女子小学又称"淑川两级女子小学校",由喜洲董淑川夫人捐资创建于1938年。董淑川是永昌祥商号创始人严镇圭的兄弟媳妇,年轻守志居孀。因父亲为私塾先生,她幼年曾接受文化的熏陶,因见当时女子就学困难,便拿出自己多年积蓄下来的二万银元,建盖了"淑川女子小学",专收女生。

淑川女子小学位于喜洲市上街,占地六千多平方米,建有教室8间、礼堂1间、教师宿舍8间、工友宿舍1间、乒乓球室1间、厨房3间、男女厕所各1所,还有体育场1块。设国语、算术、地理、历史和女性修养等科目,招收学生三百余人。

1939年,淑川女子小学与喜洲高初两等小学合并,称为"喜洲高初两级小学",实行男女同校同班。高小部设六年级3个班,有学生150人;五年级设4个班,有学生200人。初小部设1—4年级12个班,有学生五百余人。全校共有19个班,学生八百余人。从建校伊始,到今天喜洲中心小学、淑川女子小学已走过了七十多个春秋,毕业学生数万人,为喜洲妇女地位的提高和教育的发展发挥了积极的作用。

五台中学

五台中学,为今大理二中前身,因背靠苍山五台峰而命名。1937年,由董万川、严燮成等12人发起,召集旅昆同乡谋划建校事宜,并发动社会各界集资办学。1938年,发布筹建喜洲五台中学启事,拟定了《大理县私立喜洲初级中学简章》22条,并呈请云南省教育厅核准。此后,又更名为"云南大理私立五台中学"。1939年,成立第一届校董会,由发起人及地方有关人士共推出14

五台中学

人组成校董会，董事长为锡庆祥商号创始人董万川。

　　五台中学位于当时喜洲的西郊，总面积52亩。其中，校舍及体育场占地26亩。校园总体布局和房屋构造由昆明西南建筑公司设计，西部为校舍，东部为运动场。校舍包括教室、礼堂、办公室、综合楼1栋，图书馆、科学馆各1栋，学生宿舍1栋，食堂和厨房各1栋，共6000平方米。运动场可满足各种球类和田径比赛的需要，占地12000平方米。

　　五台中学于1939年秋开始招生，因校舍尚未全部竣工，暂借喜洲财神殿作为临时校舍。1939年11月11日，各项工程圆满完成，师生迁入新校址上课，并将次日定为"校庆日"。五台中学最初只招收初中学生，1943年，得到永昌祥商号资助，开始招收高中学生，由此成为完全中学。五台中学实行初高中各年级男女同学混合编班，生源遍布滇西各县。1946年，喜洲学生约占学生总数的50%，其余学生则来自大理地区的大理、邓川、洱源、凤仪、剑川、祥云各县以及腾冲、龙陵、景东、景谷、丽江等地。

五台中学的成功，不仅归功于社会各界的热心办学和全体师生的努力，尤为重要的是，其在"发展地方教育，深造高小毕业生，救济贫寒失学青年，造就国家人才"的办学宗旨的指导下，形成了一整套先进的教学管理制度。即：学校实行校董会决定下的校长负责制；打破门户和乡土之见，招生不分籍贯；开设有利于发展教育的免费学额、工读学额；实行男女生混合编班；严格按规章招生、升级、毕业，杜绝人情照顾（虽校长、校董子弟亦一视同仁）；延聘一支能言传身教的优秀的教师队伍，聘请华中大学教授上课；重视对学生德、智、体、美、劳的全面培养。明文规定：美术、体育不及格者，不予升学和毕业。因此，在长期的教学实践中，形成了"民主、求实、严谨、上进"的校风，考试曾多次荣冠全省。

学校重视学生的全面发展，每天安排1小时半的文体活动时间。同时，开展第二课堂教学，每年集中两星期到滇西各地"远足"，增长各类知识。首任校长杨白仑治校有方，十分注重教学质量和磨炼学生的意志，先后组织学生到鸡足山、鹤庆、丽江及附近各县"远足"。徒步行走，自带行李，自己做饭。不少人脚上磨起血泡，但都坚持走完了一百公里的行程。平时还经常出操，偶

五台中学师生合影

五台中学学生

尔熄灯后还紧急集合；有时冬天朔风劲吹，还在操场上穿着短裤操练。称之为"吃得苦中苦，方为人上人"。对生活习惯也有严格训练，宿舍要求打扫得干干净净，被子床单一律白色，被子要叠得像豆腐块一样方整；漱口缸、牙刷、牙膏、香皂、毛巾都有规范的摆放位置；晚上睡觉前，鞋尖朝外摆放整齐，衣裤叠好放于枕头右侧；吃饭时不讲话，席位固定，依次排队添饭，不糟蹋饭菜。久而久之，人人养成团结互助、守纪律、讲礼貌的良好习惯。

五台中学特别强调爱国主义教育，要求学生关心国家大事。抗日战争中积极宣传抗日道理，在进步教师带领下与华中大学"火花社"一起组织歌咏队、话剧团，演出进步剧目和歌曲，并自办《五台壁报半月刊》，把募捐的四万多元法币送到了抗日前线。

五台中学初创至今，经历了七十余年风风雨雨的发展历程，先后培养了二万多名初高中学生，为祖国的富强和边疆民族地区的发展作出了贡献。五台中学是大理白族地区最早的私立中学，在白族教育史上有着重要的意义。

华中大学的前身是 1903 年创立的文华书院大学部，为中国第一所教会大学大学部。1922 年，以武昌文华大学原址为校址，由文华大学和博学、博文书院联合成立华中大学。1926 年，长沙雅礼大学与岳阳湖滨大学北上武昌，并入华中大学。

　　1939 年 3 月 16 日，因日本侵略，华中大学从湖北武昌经广西桂林迁至喜洲，校址设在大慈寺。华中大学的搬迁得到了喜洲工商界的大力资助，不仅让出房舍供该校教授与学生居住，还承担了学校搬迁的路费。当时，华中大学下设文学院，理学院和教育学院，院下设系，实行校、院、系三级管理。文学院院长由校长韦卓民（广东人，哲学博士、美国耶鲁大学客座教授）兼任，理学院院长由有机化学专家徐作和担任，教育学院院长由教育学家黄溥担任。

华中大学旧址

韦卓民先生

华中大学迁至喜洲时仅有学生 118 人，此后逐年增多。据 1942 年云南省教育厅统计，华中大学有教职员 36 人，学生 235 人，其中云南籍学生 75 人。后来教职员增至 64 人，其中专任教师 41 人。面向西南各省招生，1945 年在校学生 286 人，其中云南籍学生 169 人，云南学生中又有喜洲籍学生 10 人。华中大学在喜洲期间，曾以喜洲高初两级小学附近的房舍作为男生宿舍；以染衣巷尹励金和市户街张家的房舍作为女生宿舍；以尹氏宗祠、杨氏宗祠、翔龙村李谷春的两院新房作为教员和家属宿舍；外籍教师及家属则居住在城南村一座古庙内。

华中大学在喜洲办学期间，中外著名学者云集。国内如楚辞专家游国恩、文选学专家包鹭宾、社会学专家许光、教育学专家胡毅、文献学专家阴法鲁、磁学专家桂质庭、分析化学专家张资珙、有机化学专家徐作和等，都是当时国内相关领域享有盛誉的学者。除中国教师外，华中大学还延聘了十余位英、美、德及瑞典籍的外国教师，这些外教大多是被派往中国讲学的知名大学的教授，有着很深的专业造诣。此外，一些知名学者和文化名流，如吴金鼎、罗镛、罗常培、曾昭抡、费孝通、潘光旦、老舍等都在华中大学讲过学。

华中大学校址

在搞好教学的同时，华中大学的教授注重对少数民族社会的调查，对西南各民族的历史文献、社会生活、语言文字等作了开创性的研究。如，游国恩曾研究白族"火把节"的起源问题；包鹭宾对白族的族源进行了系统研究，写过《民家非白国后裔考》、《蒙氏灭南诏说》等学术论文，由哈佛燕京学会出版。华中大学还帮助喜洲开办火力发电厂、碾米厂，又于1940年提交了《万花溪水电资源开发勘测报告》，并于1945年建成了万花溪水电站，使喜洲成为云南最早实现电力照明的乡镇。

华中大学在喜洲仅8年，但其间积极传播新思想、新技术、新知识，不仅培养了大批人才，同时也推动了当地思想文化和科学技术的发展，在大理近代教育史上产生了重要的影响。

苍逸图书馆

　　苍逸图书馆位于今喜洲完全小学西，1939 年 9 月，由永昌祥商号创始人严镇圭捐资兴建，总投资合当时国币 62181 万元。

　　有关严镇圭建盖图书馆的原因和过程，喜洲著名文人赵甲南在《新建苍逸图书馆记》中写得非常清楚，他说：欧美之人，不论男女都富有公共的观念，所以公共设施无不具备，如图书馆、博物馆、医院等，不惜花巨资求其完善。我国自古雅好藏书，近代，则有聊城杨氏、常熟瞿氏、钱塘丁氏、吴兴陆氏，藏书极为丰富。然而，都是私家所藏，未尝服务于公众，造成富者有书而不能读，贫者想读而无书的状况。民国成立以来，各省虽倡设图书馆，但为数寥寥，且仅设于通都大邑，而一乡一村还闻所未闻。喜洲虽是一镇，明、清两代魁儒迭出，清代以后教育日益发达，地方人不遗余力兴建小学、中学，惟图书馆一项尚属缺少。

由于图书馆对教育的关系甚大，所以严镇圭慨然捐资，兴建了"苍逸图书馆"。

　　苍逸图书馆占地约五亩，有馆室 19 间，还建有"文惠亭"，供人们休憩或学习使用。初建时，有馆藏图书共 3046 种，10613 册，以古籍为主，如《资治通鉴》、《万有文库》、《大理府志》等。1953 年底至 1954 年初，苍逸图书馆所藏书刊约两万八千册为大理县文化馆所接收，其中，以古籍善本为最多，另外还有一部分民国时期的报纸、杂志。

　　苍逸图书馆虽然早已撤销，但其在传播文明、启迪思想方面的贡献却不会泯灭。图书馆留下的大量珍贵的文献资料，对于我们研究古代大理的历史文化和民国时期云南的有关情况，仍然具有重要的参考价值。

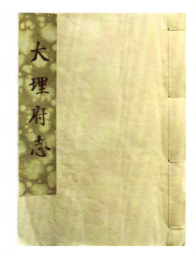

2
1　3

1. 苍逸图书馆前牌坊旧照
2. 苍逸图书馆
3. 大理府志

中—国—名—镇—·—云—南—喜—洲—

新喜洲

1936年，应喜洲鸿兴源商号上海分号职员赵子历的邀约，喜洲旅沪知识分子在上海创办了《新喜洲》杂志。编辑部设在上海霞飞路（今淮海路）670弄670号，经费则募集于旅居各地的喜洲人。《新喜洲》杂志为十六开铅印本，创刊号于1936年5月1日出版，由著名法学家张耀曾题写刊名，并为刊物题词。

创办《新喜洲》的动机，编者在创刊号开篇就已经明确道出，一是为了使喜洲跟上全国革命过程中由旧变新、由不合理变为合理、由不科学变为科学的前进步伐；二是痛感喜洲落后、守旧，希望通过对各种事业的兴革利弊进行研究和讨论，与对外新生事物的介绍，开阔人们的视野，把喜洲的事情办好；三是将作者的所见所闻报告给喜洲人士，对喜洲的改革、尤其是青年的前途提些建议，作出自己的贡献。故稿件"只要有益于喜洲，

石拱桥

能纠正喜洲误解的，或研究学术，或提倡改革、介绍常识的，若能持之有故，言之成理，都可以刊载。"

《新喜洲》共出版了二期，第一期约三万余字，第二期七万余字。每期杂志共印 1500 册，寄回喜洲 1000 册，所余册数则分发给旅居外地的喜洲人。1937 年，日军占领上海，刊物被迫停办。

《新喜洲》的稿件主要由家乡或旅居各地的喜洲人撰写，虽短短二期，但内容十分丰富，主要集中于喜洲的建设与革新、妇女儿童、青年、教育、风俗习惯改革、社会治安、节制生育、家庭关系、职业与商业、卫生与健康、科学常识以及世界发明家介绍等等。这些文章因作者的关系，虽然水平参差不齐，但在旧中国科技文化教育落后、文盲成堆的背景下来说，不失为一种可贵的探索。

喜洲古镇一角

如尹隆举撰写的《青年的出路》，对当时喜洲年轻人读书的目的进行了不客气的批评。针对"喜洲人使子弟读书的心理，还没有脱完紫袍乌纱的印象，受业的青年，绝少在科学大道上去做工夫"的情况，他提出"求知就要读书，读书不一定是做官。过去读书的目的，是金榜题名，是紫袍乌纱，而今已势易时移，绝不是为做官。读书，乃是为创造事业读书，为改造社会读书。"并说自助是"人们唯一的出路"，而"痴者求天助，智者求自助，天助没有这回事，人助是不可靠，唯有自助最稳当。"

又如赵淑南女士撰写的《我们见到的妇女问题》，把上海较开化的妇女问题与闭塞的、封建势力浓厚的喜洲妇女问题联系起来，针对喜洲的实际情况，提出要"革新"喜洲妇女在教育、婚姻方面存在的问题。在教育方面，她认为"我们同男子一样，圆顶方趾，同样能在社会上做事，但做事需要知识，那我们读书就是求知识。再说，在家庭里面一个主妇也极需要学识。"对于婚姻，她提出"父母只需从旁监督指导，使他或她们自己选择。"有力地抨击了喜洲社会在妇女问题上封建落后的道德观念。

蝴蝶泉风光

喜洲古镇的园林景观

　　再如赵康节撰写的《论喜洲商业的改进》，从当时国内出现经济危机、喜洲商业资本受到冲击的背景出发，对一些人提出另谋出路、主张"改造农业"、"建设工业"等各种观点进行了评析，阐述了自己的看法："我对于从事新农业和新工业的人们都表示相当的敬佩，但我认为要挽救喜洲的经济危机，农业恐怕失之太远，工业则难有把握，反不若再从商业上设法改进为得计。"并有针对性地提出了具体的改进意见。这些分析和论证，很符合当时喜洲的实际，对喜洲商业的发展有很好的指导意义。

　　《新喜洲》杂志虽然只出了两期，但内容十分丰富，展现了一代喜洲人忧国忧民、为家乡经济社会发展进行的可贵探索，不仅具有重要的史料价值，至今读来，仍具有启发意义。

中—国—名—镇—·—云—南—喜—洲—

节日民俗

中国民间
文化遗产
抢救工程
THE PROJECT TO CHINESE
FOLK CULTURAL HERITAGES

S·O·S

本主会

　　本主崇拜是喜洲白族全民信仰的一种宗教形式。在白族世俗的观念中，本主是村寨的奠基者和保护神，因有恩于民，又能满足人们清吉平安、风调雨顺、五谷丰登、六畜兴旺的愿望，故而得到了最广泛的崇祀。在白语中，本主被称为"吾僧"、"岛博"或"劳谷"，意为"主人"、"大老爷"、"老公公"。从民间所存之碑刻、楹联来看，本主也写作"本境土主"或"本境福主"。在喜洲，凡是白族聚居的村落，无论大小，几乎都有本主信仰。一般是一村供奉一位本主，也有几村供奉一位本主、或一村供奉几位本主的情况。

　　本主崇拜起源于原始宗教，但至南诏中晚期形成后，其在自然崇拜、图腾崇拜、祖先崇拜和英雄崇拜的基础上，又加入了佛教、道教等人为宗教的因素。此后，由于社会变迁与文化整合的关系，大理本土及中原地区的一些历史或传说中的人物亦被祀为本主，从而形成了本主崇拜结构复杂、内容丰富的祀神体系。从类型上来看，喜

洲白族的本主神大致可分为自然神、动物神、首领祖先、英雄义士、佛道神仙、帝王将相、孝子节妇等几类。

　　本主神的类型多，其封号亦有所不同。其中，"皇帝"是对古代帝王的尊称，如庆洞神都本主"大圣西来护法灵镇五峰建国皇帝"段宗膀；"景帝"、"灵帝"是对"有功于斯土、有恩于斯民"的古代王侯将相的封赠，景帝有万人景仰之意，如金圭寺的"敕封纠察洱河辅化景帝"；灵帝有通灵感应之意，如大理河矣城本主"大圣妙感玄机洱河灵帝"段赤城；而"大王"、"老爷"、"将军"、"娘娘"、"尊神"则是对一般本主神的简称或俗称，如喜洲的本主"大黑天神"、"镇国灵天神"等。

　　本主会举行的时间因村落而有所不同，一般选在本主的圣诞或忌辰。如，正月初二金圭寺本主会是本主纠察洱河辅化景帝新王太子的圣诞；正月初三河矣城本主会是本主洱河灵帝段赤城的圣诞；四月廿三朝阳村本主会是本主扶民皇帝的圣诞。本主会这天，村中照例要举行丰富多彩的节日活动。人们要根据本主神的"职业"，以不同的方式在村中进行"巡视"，如果本主是武将，就用木轮车进行接送；如果本主是文臣，就要用轿子去抬。当然，在许多村落，抬本主的都必须是未婚的青年男子。

2　3

1

1. 九坛神祠（本主庙）
2. 九坛神（本主）塑像
3. 中央祠（本主庙）

Footer:

145 节 日 民 俗

迎本主

过去，那些本主庙带有戏台的村落，还会请戏班子唱几天几夜的滇戏，或由白族艺人弹唱大本曲，又或是举行隆重的洞经活动，这不仅是为了营造节日的气氛，当然也有宣扬教化、娱乐神灵的意思所在。

对于普通的村民而言，本主会中最重要的事就是到本主庙进行献祭。献祭的目的是请求本主以及其他神灵保佑全家人清吉平安、万事顺利。献祭一般以熟祭为主，所谓熟祭就是用煮熟的食物进行祭拜。敬献时，要将弄好的鸡、猪肉、鸡蛋和一把菜刀放置在一个盆中，鸡摆放在中央，猪肉、鸡蛋和菜刀置于两侧，供奉在本主神像面前的供桌上。所有人都跪下，由女主人邀请本主和各路神灵前来享用祭品，说出自己的心愿，祈求神灵答应。仪式结束后，还要到庙外放一串鞭炮，再将表文拿到纸火库或捧在手中燃烧。表文燃烧完后，要弄一碗浆水饭，由献祭的所有食物组成，每样少许，但水一定要多，泼在纸火库周围，以示打发孤魂野鬼。还要给山门前两侧的兵马喂马草马料，由干稻草、蚕豆、谷子、炒米等混合或单独组成。这样，整个献祭仪式才算结束。

向本主祷告的表文可以从家中带来，也可以到庙外请写表师现写。表文纸一般为黄色，财神表则为红色。表文为一张长方形的纸，写好后被装在用黄纸或红纸做成的长方体外壳中，内容基本一致，多是些祈求神灵保佑，赐予富贵的话。但烧给不同神灵的表文因其所管事宜的不同，内容也会有细微的差别，如，烧给本主老爷求的是清吉平安；烧给子孙娘娘求的是子嗣；烧给财神求的是财运亨通。上表时，要将表文捧在手中，高举过头顶，以示对神灵的尊敬和崇拜。祭拜完本主及其配神后，要将表文和香烛纸火拿到寺庙外的纸火库中燃烧掉。也有比较虔诚的村民，则将表文捧在手心，跪着等表文燃烧完毕。表文在燃烧过程中发出"嘭嘭"的响声，被视为好兆头，表明本主已接到你的表文，愿意满足你的心愿。这时，上表的人就要说些感谢本主的话。

　　本主是村落的保护神，因此，本主会就是村落的节日。在喜洲，虽然因村落规模和实力的不同，本主会的热闹程度亦有所差异，但对于村民自身而言，本主老爷是无比神圣又无所不能的，所以，本主会就是他们最重要的公共节日。

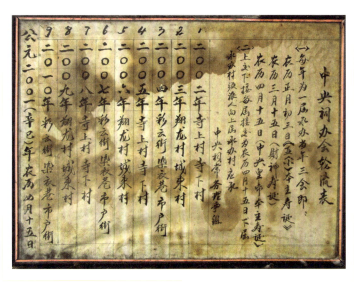

中央祠办会轮流表

绕三灵

绕三灵，也作"绕山林"，是大理白族特有的、最盛大的民俗活动之一。绕三灵活动以喜洲为中心，波及南起大理古城、北至上关的苍山洱海之间的诸多村落，涉及白族宗教信仰及民间艺术等多个方面的内容，可谓是洞察洱海区域民间信仰的空间格局、白族以多元社群为基础的社会结构，以及白族关于自己历史的集体记忆的最为重要的通道。

绕三灵从农历四月廿三日开始，到四月廿五日结束。但也有的人在四月廿二日就到大理南门的城隍庙进行祭拜，开始绕三灵活动。此后，于廿三日清晨前往喜洲朝阳村的总镇神宫，称为"南朝"；又向北到庆洞村的神都与圣源寺，称为"北朝"。廿四日到河矣城的洱河祠，继续绕三灵的活动。廿五日到马久邑村的景帝庙，整个活动至此结束。

关于绕三灵的起源，喜洲民间有不同的表述，这些表述从不同的角度诠释了绕三灵的文化内涵。根据内容，其说法大致可以概括为以下几种：

接金姑 传说金姑是白王张乐进求（一说是爱民皇帝段宗牓）的女儿，有一次她和父亲吵架，被父亲训斥后便跑出了家门。她一路向南跑去，又饿又困，很害怕，后来一位猎人救了她。金姑很感激，便和猎人成了亲。这猎人就是后来建了蒙舍诏的细奴逻。金姑嫁给细奴逻几年后，细奴逻想化解与张乐进求之间的矛盾，便请人去说情，但总是说不通，最后洱河灵帝和城隍老爷都托梦给张乐进求，让他接金姑回家。这两个梦终于让张乐进求改变了主意，同意接金姑回家。金姑被接回家后在娘家待了很长一段时间，到农历四月廿三日这天才动身回婆家，人们就来送她，便形成了盛大的绕三灵活动。

而且为了感谢城隍老爷和洱河灵帝，在每年绕三灵时，人们都会去城隍庙和洱河祠祭拜。

找太子 传说白王丢了儿子，要求百姓们沿着洱海边帮他找儿子。但平日里白王不理朝政，不管百姓死活，所以老百姓也不真心实意地帮他找。大家就当游玩，在山林间、洱海边载歌载舞，尽情欢乐。自然，太子也没找到。白王当然不甘心，所以在每年农历的四月廿三日至廿五日都命令百姓继续寻找，久而久之便形成了绕三灵的活动。

朝圣 神都是绕三灵活动的中心，其本主建国皇帝段宗膀在大理坝子的本主体系中有着至高无上的地位，被称作"本主之主"或"中央本主"。所以，有人说绕三灵是各村村民带着本村本主前来朝拜神都的"中央本主"，以祈求风调雨顺、幸福安康的一种仪式。而"绕三灵队"

1
2

1. 大理城隍庙
2. 洱河神祠

的领队人手中握着的由红黄布条、葫芦、"闪菱角"等做装饰的新鲜柳枝或竹子就是本主的象征。

祈雨 很久以前,大理坝子中的百姓住在山上,因为生活需要便逐渐迁移到了洱海边,但又不去看望山里的神灵,所以神灵生气了,为了惩罚老百姓,就使大理闹了几年旱灾,庄稼都无法生长。后来经过一位老者的指点,大家才在每年农历四月廿三日至四月廿五日到山林里尽情地陪神灵娱乐,以求神灵降雨。

纪念段宗牓 传说爱民皇帝段宗牓生前施行仁政,深得百姓的爱戴。一次他带着家眷到神都进行祭拜,突然暴病,死在了神都。百姓们闻讯后非常伤心,都来奔丧,并到神都圣源寺,仙都金圭寺进行祭拜,希望段宗牓能成仙成佛。多年以后,人们认为他已成仙成佛了,而且还有了无边神力,能保佑百姓幸福安康。所以,人们便

1	4
2	
3	

1. 耍龙
2. 载歌载舞的老人
3. 神都
4. 祭拜段宗牓

中——国——名——镇·——云——南——喜——洲——

载歌载舞地到神都来拜祭，以示对他的纪念。

　　过去，参加绕三灵的人，多在当天所到的庙宇内或附近的农户家中过夜。现在交通方便了，大多数人已不再选择在外留宿，而是第二天再从家中出发到下一个地点参加活动。但还有一些人，特别是代表整个村落前来参加绕三灵活动的莲池会，则依然继承老一辈人的传统，带着简单的炊具和保暖衣物在庙宇内或农户家中过夜。

　　以村落为单位的绕三灵队伍，一般由十多人到数十人组成。领头两人鼻架墨晶眼镜，身穿雪白对襟衣，外罩数件黑绿花缎的领褂，领褂用小银币做纽扣，腰间还挂有绣着八卦的荷包和小银铃，下身着彩色绸裤，足蹬芒线和布条编成的凉草鞋，鞋尖上还缀着一个红丝绒绣球，打扮得花花绿绿，光怪陆离，样子滑稽可笑。左边一人右手扶柳枝，左手执牦牛尾；右边一人左手扶柳枝，右手执扎花手巾。柳枝上还系有一道红绸，挂着一个葫芦。两人边走边舞，边舞边唱，层出不穷的"花柳曲"幽默诙谐，实在让人捧腹。中间的队伍，除吹笛子的一人外，尚有手执"霸王鞭"、"金钱鼓"的男女舞者十数人。最后是一位吹树叶的男子和十数位手执折扇或草帽的妇女组成的队伍，合着节拍，跳着八角鼓舞、霸王鞭舞和双飞燕舞。

　　绕三灵的活动，在清代地方文献中有较多的记载。其中，段位的诗就很有名：

　　　　金钱鼓子霸王鞭，

　　　　双手推敲背转旋。

　　　　最是小姑歌白调，

　　　　声声唱入有情天。

1

2

3

1.绕三灵中的白族老人

2.绕三灵队

3.绕三灵中的莲池会

中—国—名—镇·—云—南—喜—洲—

153 节　日　民　俗

蝴蝶会

蝴蝶会是喜洲、周城一带男女白族青年相会的节日，每年农历四月十五日在苍山云弄峰下的蝴蝶泉边举行。这个季节春光明媚，鲜花盛开，各式各样、大大小小、五彩斑斓的蝴蝶围绕着蝴蝶泉边的蝴蝶树，在花丛中翩翩起舞，让人分不出哪个是蝶、哪个是花。白族青年男女选择在此相会，一方面是因为这里风光秀美、环境清幽，适合向心爱的人表述衷情，另一方面当然也和一个美丽动人的爱情故事有关。

相传，很久以前，永胜的一位猎人杜朝选来苍山打猎，走到云弄峰下时，遇见几位村民哭哭啼啼地把一对童男童女送到山上。他很是奇怪，问明缘由之后才知道，原来是要把童男童女送给山上的恶蟒食用。村民们说这条蟒会变人形，掠人妻女，吸食人畜，无恶不作，残害百姓。杜朝选听了非常气愤，表示要为民众除害。但村民们却怀疑他的能力，杜朝选拉弓搭箭向山崖射去，一块巨石在火光迸射中"轰隆"一声塌落下来。这时，村民们才相信了他的神力。大家告诉他午时三刻恶蟒会到前面的古庙。杜朝选准备好刀和弓箭，藏在一棵大树后面。过了午时三刻，山涧中突然涌起一朵乌云，卷起漫天的风沙，向古庙扑来。等到乌云逼近，云端中现出一条巨蟒，有囤箩粗大，几十丈长，两眼发光，血盆大口中利牙如刀，雪白生寒。杜朝选不等它落下，即拉弓向它射去一箭，只听空中传来一声痛苦的巨吼，乌云遁回山中，不知去向。

第二天，杜朝选独自一人顺着无人敢走的神摩涧徐徐而上。行走不久，就见到两个年轻的女子在涧水边的巨石上搓洗沾满血迹的白衣。他想，两个女子在荒无人烟的山涧里洗血衣，非妖必怪，可能就是妖蟒所变，便厉声问道："你俩是什么人，快照实说来，否则吃我一箭！"两个女子

道："我们就住在附近，这边水清，所以过来洗衣裳！"

杜朝选知道她们说谎，非常生气，道："再不实说，就像这只鸟！"说罢一箭将空中的飞鸟射落。两人见杜朝选武艺非凡，人也长得入眼，心里暗暗佩服，便向他哭诉其被恶蟒掠进洞中的经过，并说昨日恶蟒带伤归来，所以今天才为它洗血衣。杜朝选问："恶蟒现在干什么？"两人答："在睡觉呢，大睡七天七夜，小睡三天三夜，现正大睡。"杜朝选告诉她们自己是来除蟒的，只是不知恶蟒武艺如何，有什么法宝。她们回答，恶蟒武艺很高，有一口宝剑很是锋利。杜朝选请她们去盗宝剑。两个女子回到蟒蛇洞，一会儿就把宝剑盗出来了。杜朝选提了宝剑跟着两个女子进了蟒蛇洞，只见它正闭目呼呼大睡。杜朝选举起宝剑向恶蟒的心脏部位砍下，"咔嚓"一声将恶蟒剁成了两段。

两个女子对杜朝选非常敬佩，说："你为民除害，又搭救了我们，我俩无法报答你的大恩大德，愿做你的妻妾，服侍你一辈子。"杜朝选说："我斩恶蟒除害乃分所当然，岂能乘人之危，贪享二位姑娘之眷恋？"毅然拒绝了两位女子的求婚。不料二女矢志不移，双双投入无底潭而死。杜朝选得知此情后，也投潭殉情而死。三人死后化为蝴蝶，引来成千上万蝴蝶，后人为纪念杜朝选斩蟒救民，便把他奉为本主。又同情二女矢志贞烈，尊她俩为娘娘，同享祭祀。节日期间，周围白族纷纷前来祭祀，观看蝴蝶，成为盛会。无底潭就是今天的蝴蝶泉。

火把节是大理白族的传统节日,于每年农历的六月廿五日举行。喜洲一带白族称火把节为"付哇勿"。"付哇"即汉语的六月,"勿"是白语"二十五"快读拼成的音,也含末尾之意。因此,"付哇勿"可译为"六月廿五"或"六月尾"。老一辈白族称火把节为"搭星回"。"搭"有点燃之意,"星"即"薪","回"是火,整个词有燃烧柴火的意思。所以,在古代地方文献中,火把节又往往被称为"星回节"。明代李元阳《云南通志》中"开元间,南诏欲并六诏为一,因星回节召五诏宴会松明楼。"的记载、清代赵辉璧《星回节怀古》"六月廿四夜蒙蒙,滇中火炬千家红。……土人为建星回节,星回节届自年年。"之句,都属于这种情况。

白族火把节的来由,在大理地区有多种传说,其中尤以"火烧松明楼"的故事流传最广、也最为知名。故事内容,云南地方文献多有记载,清师范所辑《滇系》即云:"邓赕诏妻慈善,开元中,南诏于星回节召五诏燕会。慈善逆知其谋,止夫无往,夫不可,乃作铁钏约其臂而去。既而,南诏果焚五诏,佯以醉失火焚死告。各诏骸骨无从辨认,独慈善舆尸而去。南诏闻其哲,欲娶之,慈善闭城自固。发兵围之,三月,食尽,乃盛衣妆,西向,自缚于座,竟以城死。临卒曰:吾往诉夫冤于上帝矣!南诏闻之,悔曰:误逼此贞洁妇,乃旌其城曰:德源城。"同样的内容,在王崧本《南诏野史》中更是得到了大肆渲染,云:"皮逻阁,唐玄宗开元十八年灭五诏。未久,五诏抗命,乃赂剑南节度使王昱,求合六诏为一。朝命许之,使人于五诏六月廿四日祭祖,不到者罪。建松明大楼,敬祖于上。至期,惟宁北妃止夫行,夫不听,妃以铁镯约夫手而别。廿五日,祭祖毕,享胙食生,至

耍火把

晚，酒醉，皮逻阁独下楼，焚钱放火。兵围火发，五诏死。差人报焚钱失火烧死，请各妃收骨。各妃至，难辨夫骨，宁北妃因铁镯得夫骨。至今，滇人以为火把节。既灭五诏，取各诏宫人，闻宁北妃美，遣兵取之。妃曰誓不二夫！即自尽。"

慈善死后，大理百姓感其贞烈，在德源城外为她修建了一座"柏洁夫人"庙，每年以盛大的火把节，来纪念这位对爱情坚贞不渝、慷慨赴死的伟大女性。在白族人民当中，"火烧松明楼"的故事代代相传，于喜洲等地已不知被传唱了多少年。农历六月，星光闪烁的夜晚，脸上写满岁月风霜的老人，总会一面品着香气四溢的烤茶，一面将这古老的传说娓娓讲述给围在身边的孙儿，故事凄婉的结局，总会让顽皮好动的男孩变得沉寂。

作为白族最重要的节日之一，火把节的举行需要相应的物件，也有一定的程序和仪范，因此，于节前数日喜洲的男男女女就会忙碌起来。女人们除了准备节日期间饮食等所需外，也会抽空用心地将自己装扮一番。这时，那些年轻的姑娘和媳妇，总要用经过调制的凤仙花泥把手指敷裹起来。虽说那捂过后被染红的指甲盖有象征慈善死节殉夫的含义在，但它的确也为这些常年劳作不息的白族妇女在节日里平添了不少妩媚。家务活大都让妇女承担了，编扎、竖立火把这些事就要由男人们来完成。

升斗

中—国—名—镇—·—云—南—喜—洲—

竖火把

火把分大小二种，小火把每家都备得有，大火把则以街巷或家族为单位进行筹办。所以，因村落规模大小的不同，各村所立的大火把亦有多寡之分，其数目可有二、三支至七、八支不等。喜洲白族对自然生态历来重视，从保存至今的诸多乡规民约中，我们不难看到保护松林等方面的内容，但是，砍伐树木用来制作大火把却是被特许的。

　　在喜洲地区，大火把的编扎和竖立都有明确的分工。参与制作的是那些本年内当了父亲的年轻男子，其中，生女孩者只负责挖掘安放火把的土坑，生男孩者则要完成余下所有的事。与小巧玲珑、顶多一人来高的小火把不同，大火把的长度一般都在十米以上，不仅雄壮挺拔，制作和装饰较之前者亦复杂考究得多。其杆芯大都选用山中笔直的松树加工而成，周围则裹以层层叠叠的麦秆或细竹，并用麻绳捆绑牢固，整个形状上窄下宽，有如

绕火把祈福

收拢之巨伞。为祈求人寿年丰，大家对这"巨伞"是做足了文章的，除悬挂象征丰收的梨、桃、花红等水果外，还要插上一把升斗和纸做的小旗。升斗分三层，竹篾为骨，棉纸为壁，制作得十分精致，有"连升三级"的含义。蓝天下，这一支硕大的火把矗立在村头巷尾，微风之中，小旗招展，鲜果荡漾，煞是好看。

农历六月廿五日，当夕阳把光芒从葱翠的田野上收回，喜洲各村便开始纷纷上演点火把等一系列精彩的节目。依照惯例，最先进行的是祭祀祖先和神灵的仪式。笔直的大火把下面，人们早已将洁净的供桌摆好，呈上了祭品，香火缭绕之中，街巷或宗族里四十岁以上的男子按长幼顺序，排成数行，在司仪老人的主持下，共同向大火把叩首行礼，以祈求祖先和神灵的护佑。与过去搭棚而祭的隆重场面相比，现在仪式的规模和程序都有

欢腾的火把节

所简化，但因村民坚信祭祀的结果与合村的利益息息相关，所以，大家对整个过程依旧极为认真。

祭祀完祖先和神灵，接下来就要点燃那巨大的火把。在喜洲，点火把之人有严格的条件限制，一般由街巷和宗族中年高德劭、福寿双全的老人担任。由于大火把高若层楼，燃烧之时又须循自上而下的秩序，故要将其点燃亦殊为不易。为了方便操作，人们往往会在大火把上架一把长梯，并用一根细长的竹竿来传递火种。火种点燃后，老人会将竹竿交到一位年轻人的手里，由他登上长梯把这象征着喜庆和吉祥的火焰送达大火把的顶端。随着火把"噼噼啪啪"不断燃烧，升斗和梨、桃、花红等水果也开始纷纷往下坠落，这时，早已围候在四周的大人和小孩便会一拥而上，争相抢拾这些带有好运的"吉物"。抢到的人自然是满心欢喜，一脸神气；抢不到的人则免不了要长吁短叹，自怨一番。

眼看大火把的火焰越燃越高，那成百上千的小火把也终于按捺不住，相继点燃。青年男女竞相出动，手执一个小火把，身挎小挎包，里边装满松香面，见到人就抓出一把，用力向火把撒去，霎时一团火苗扑向对方。被撒的人都认为烧得好，这样可以烧去自己身上的晦气。松香面只能朝下撒，不能朝上撒，防止灼伤人的面部。遇到老人则要说："敬上一把"，然后才能撒去。还有许多人，成群结队地举着小火把，互相追逐到田间给谷物照穗。以示烧死危害庄稼的害虫，让稻谷出得好。

到了火把节的高潮，街巷之中和田边地头便出现了一条条游动的火龙，它们翻腾飞舞着，将一座座村庄变成了火的海洋。火，映红了苍山，照亮了洱海，山海万炬纵横，灿若星河，让人叹为观止。元代文人文章甫曾对这奇丽的景象有过极生动的描写：

> 云披红日恰衔山，
> 烈炬参差竞往还。
> 万朵莲花开海市，
> 一天星斗下人间。

就火把节留给人们的印象而言，不会有比这更美妙、更贴切的比喻了。

接阿太

"阿太"是白族对曾祖母或对年长及德高望重女性的尊称。

据喜洲民间传说，"阿太"为董氏女，原先住在苍山沧浪峰麓，后因村庄被山洪淹没，迁至喜洲。隋唐初，嫁给"白子国"国王张乐进求为妻。董氏姐妹三人，二妹适喜洲王姓、三妹适庆洞村。"阿太"助夫治国，政治清明、爱护部落，深受民众爱戴，被尊称"国母"，俗称"阿太"，尊之为神。至今喜洲白族仍不忘"阿太"之德，每年农历八月三十日，三舍邑、阁洞膀等村的白族就会到十里之外的庆洞村"神都"，把"阿太"接回本村本主庙"省亲"。接着，九月初一日，喜洲白族又到"三舍邑"迎"阿太"回娘家归宁。

千百年来，"接阿太"成为喜洲白族的盛典。举行仪式时人们成群结队、敲锣打鼓、载歌载舞、热闹非凡。因董氏是"阿太"的娘家人，所以，只有董氏族人才能举"蜈蚣旗"迎接"阿太"。"阿太"接回喜洲"九坛神"暂居二日后，于九月初三日才送回神都。

接送"阿太"时，沿路参与迎送的还有星登、凤阳、上院膀、下院膀等多个村落。为接"阿太"，沿途白族盛

仪迎送，村前街巷多摆香案、顶礼膜拜。到处弥漫着柏叶、松针、艾蒿插在一起燃烧的烟火。莲池会等宗教组织念经焚香，洞经会诵经奏乐，有时还唱滇戏等，十分热闹。村民们争相焚香，献供"喜庆糕"与糖果等食品。接送途中，小伙子、新婚男子都争着抬"阿太"的神轿，有的人还给"阿太"换新装，以图吉利平安。

2
3
1

1. 神都供奉的老太
2~3. 虔诚祭拜

中
国
名
镇
·
云
南
喜
洲

三 河

165 节 日 民 俗

栽秧会

"夏至忙忙，点火栽秧"，这是喜洲白族形容农历五月是水稻栽插的最忙季节的话；还有一句谚语说："早栽三日成谷，迟栽三日成草"，说明农忙的季节时间不可延迟错过。"栽秧会"的活动在田边地头进行，既是一种与劳动生产结合的带有娱乐性质的活动，又是一种别致的临时性的劳动互助组织。

每当栽秧的季节到来，喜洲各村或一村之内的数十家人或全村人就自愿结合起来，用换工的方式进行集体栽秧。大家公推一位劳动能手或有经验的老农，负责安排指挥并掌握时间，称为"秧官"，有的村落又叫"会首"。古时"秧官"又被称为"滴壶官"，是因为那时尚无钟表、以滴水计时的缘故。"秧官"有绝对的权威，栽秧的一切活动都得听他的指挥。栽秧开始的第一天，叫"开秧门"。是日，各村"栽秧会"都要举行庄严而愉快的仪式。早上人人穿着新衣，就像做客一样，特别是姑娘和小伙子们都要刻意打扮一番，然后吹吹打打来到田间，田头摆着祝愿丰收的果酒，大家一起先唱着祈祷丰收的调子，然后分食糖果，每人都要喝一口酒，这种饶有风趣的"开秧门"仪式，在欢乐的唢呐声和锣声中，把大家引入水田开始栽插。"栽秧会"有"秧旗"，旗杆有三丈多高，顶端饰有彩绸扎就的升斗，用白布剪成犬牙形镶边，旗上写有"风调雨顺"、"国泰民安"、"五谷丰登"等字样，旗杆上还系有彩带、雉尾、铜铃等五彩缤纷的饰物。这杆秧旗插在哪里，栽秧的队伍就摆开阵势，你追我赶地比赛起来。秧旗下还有一支由四五人组成的乐队，乐队配以锣、唢呐，吹奏《栽秧调》、《大摆队伍》、《蜜蜂过江》、《闹山江》、《龙上天》等曲调，其间还杂有青年男女的情歌对唱。在音乐和歌声的伴奏下，大家齐心协力，

白族栽秧会

栽秧的活计很快就完成了。

　　栽秧会后，还有一个与农事有关的节日活动，在栽完秧的"关秧门"这一天进行。这个活动又叫"谢水节"，要进行祭祀"水神"的活动，人们还叫它"吃洗脚炒豆"，表示紧张的栽插阶段已经圆满结束了。关秧门这一天，栽秧会的男人女人等都要到本主庙敬献祭礼，杀猪宰鸡，举行"打拼伙"。一方面是庆祝栽秧结束，另一方面谢神祈求保佑丰收。人们抬上秧旗，把"秧官"化装起来，让他骑上一匹马游行，有的还化装成"渔、樵、耕、读"等角色跟随打"霸王鞭"的队伍，在村里巡回表演节目。演唱者大多用吹吹腔演唱，以唢呐伴奏，也有吹笛子、

白族栽秧会

吹树叶的。演唱者和观众融为一体，随编随唱，多半是即兴之作。这时，那个指挥栽秧队伍的秧官，则打扮成具有喜剧性的人物：头戴斗笠，斗笠上还要立上一把秧苗，鼻架墨镜，穿上长袍马褂，反骑着马，被人簇拥着绕来绕去。

"栽秧会"等与农事有关的活动，轻松快乐，表现了喜洲白族热爱劳动、团结合作的精神，以及他们祈求五谷丰登的美好愿望。

附：

喜洲主要节庆一览表

节庆名称	时间（农历）	地点	活动内容
金圭寺本主会	正月初二	金圭寺村	祭祀本主
洱河灵帝本主会	正月初三	河矣江、江上、中和邑	祭祀本主
沙村小沟尾本主会	正月初三	沙村、小沟尾	祭祀本主
永宁本主会	正月初三	永宁村	祭祀本主、敬献汤圆饭
灵会寺庙会	正月初八	院膀村	祭祀
周城本主会	正月十五	周城村	祭祀本主
狗吠会	二月初二	星登、星村	祭祀本主
推神车	二月初八	仁里邑	用木轮车迎送本主
送驸马	三月初三	弯桥小鸡足	祭祀
开头曲	三月初三	弯桥小鸡足	祭祀、对歌
三月街	三月十五起	大理古城西	集市贸易
九坛神本主会	四月十五	喜洲	祭祀本主
蝴蝶会	四月十五	蝴蝶泉	对歌
绕三灵	四月廿三起	大理、喜洲等地	祭祀、对歌
爱民皇帝圣诞	六月初六	喜洲、金圭寺	祭祀
火把节	六月廿五	喜洲各地	耍火把
耍海会	七月廿三	喜洲各地	祭祀、划船、对歌
接阿太	九月初一	喜洲、庆洞、三舍邑	祭祀
永宁村天王圣诞	九月十五	永宁等五村	祭祀
栽秧会	播种日起	周城等地	军事

婚俗

喜洲白族婚姻为一夫一妻制。过去，同姓同亲不能婚配，但姑表之间可以通婚，即所谓的"亲上加亲"。有女无子的人家可以招女婿，寡妇也可再嫁，但对亡夫的财产无继承权，其聘礼亦为亡夫家所得。传统婚姻多由父母做主，讲究"父母之命，媒妁之言"，新中国建立后，自由恋爱成为主流。

结婚前要先举行订婚的仪式。这天，男方要携带彩礼和糖、茶、烟、酒"四色水礼"到女方家求婚。女方许婚后，男方择定吉日，并以"开剪"为名通知女方，同时送去针线钱。女方接到针线钱后，便开始准备嫁妆。过去，嫁妆大多去三月街、渔潭会采备。嫁妆的多少，一般视男方聘礼的高低而定，如果女方家经济条件优裕，嫁妆也可能高于聘礼。嫁妆分四季穿戴的衣服和日用家具两类，有高、中、低档之别。过去，一对木柜、一个火盆、一个铜壶是不可少的。

婚礼一般要延续四天。第一天白语称为"音色彼"，意为"庆喜饭"，男女双方的至亲好友都会前去帮忙，搭彩棚、借桌凳、洗碗盏、杀猪买菜，做好宴客的准备。第二天是"正喜"日。第三天白语称为"音物唱"，意为"吃鱼饭"，象征喜庆有余，婚姻美满。第四天为"回门"，新郎和新娘要回新娘家做客认亲。

正喜日前夜，男方家要唱"板凳戏"，亲朋好友围坐在一起，听民间艺人弹唱"大本曲"。同时，女方家要举行给新娘送"压喜柜钱"的仪式。当新娘的亲戚和好友送上喜钱之后，新娘则将早已备好的衣裳和鞋子，按辈序相赠，表示对亲人的依恋之情。然后，新娘在大嫂和两位女伴的陪同下，用托盘端着正喜日要穿的衣物和胸前挂的"照妖镜"，到水井旁敬祀，还要说"吃水不忘挖

婚礼

井人"的话，以表示对父母养育之恩的感谢。

正喜日是迎娶新娘的大喜日子。过去,迎亲要吹唢呐、抬花轿上门，现在则改为乘车迎亲。出门前，新郎先要拜天地和灶君，然后拜父母和亲族长辈，由父亲或亲族长辈为其挂红戴花。在鞭炮声中，迎亲队伍浩浩荡荡出发。到新娘家门前，唢呐连奏三次，女家亲朋出门迎接，热情相待。新娘出嫁离开家门时，常有哭别父母和兄弟

老宅喜宴

姐妹的仪式，以表难分难别之情，然后由新娘兄弟中的一人背入花轿。如今则已改为新郎、新娘并肩同行。

迎亲归来，新郎和新娘要拜天地、拜祖先、拜父母及亲戚长辈，并用"八大碗"宴宾客。到了晚上，洞房中燃起熊熊炭火，桌上供喜神灯，灯旁放置装满大米的"升斗"，上面插着尺子和镜子，有"趋吉避邪"的含义。新郎和新娘喝"交杯酒"，吃"团圆饭"，然后进入洞房。

这时，还要进行"闹房"的活动。过去闹房，多用诗文、趣语、顺口溜、绕口令等打趣新郎、新娘，让其出点"洋相"博大家一笑，同时以增进夫妻的感情。如，众人先叫新郎念"一去二三里"，新娘接着说"婆婆想个小孙女"，依次是"烟村四五家"、"爷爷想个胖孙男"，"楼台六七座"，新娘害羞不应，新郎又说"八九十枝花"，新娘仍含笑不应，在众人一再追逼下，声音在喉中道"你做爹来我做妈"。过去，人们交际少，新娘能腼腆说出最后一句已实属不易，因此，往往博得众人哄堂一笑。也有人"恶作剧"，在火盆中烧辣椒，呛得新娘直流泪，但因其寓意"亲亲热热"，所以不受责备。此时，就由长辈出面解围，把火盆移出洞房。

正喜次日一早，就有亲戚煮好荷包鸡蛋，给新人补

身体。因此，新婚夫妇不得贪睡，否则遗人笑柄。当日午餐,称为"音物唱"（即"吃鱼饭"),需由新娘亲手烹制。饭后，举行"告茶"的仪式，由新郎和新娘双手举着茶盘，向长辈敬茶，以表示恭敬。接着，新娘从陪嫁的柜子中取出婚前亲手做的衣裳和鞋子，送给公婆，而公婆也会送还给新娘一些金银和首饰。"告茶"仪式之后，由家中年轻女眷陪新娘赶街，去买鱼、辣子、花椒和酒,称为"出行"。"鱼"和"余"同音,意取"年年有余";辣子,白语念"气",为"亲热之意";"花椒"白语念"高"，有"富贵"之意;"酒"和"久"同音，取意"夫妻天长地久"。

第四天"回门",新娘要和新郎一家回娘家"认亲",新娘家则要备下丰盛的宴席，宴请新郎一家。饭后，新郎和父母、兄弟姐妹先回家，新娘则留下来，并将带来的糖果分赠邻里孩童，名曰"喜糖"，以增进乡谊。回门之后，婚礼就算结束了，新郎和新娘也由此开始了新的生活。

随着时代的变迁，喜洲的婚俗也在改变。如民国时期，喜洲受民主进步思想的影响，即举行过集团结婚（集体婚礼），在白族婚俗的历史上写下了浓墨重彩的一笔。

1   3
 2

1. 老宅办喜宴
2. 喜宴上老人席
3. 挂于喜房门楣的桃弓柳箭

丧俗

唐代以来，受佛教影响，喜洲白族盛行火葬，明代以后因朝廷禁止，逐渐改为棺木土葬。葬礼的规模一般取决于死者家里的经济状况和社会地位。死者年龄不同，葬礼也不一样。死者为小孩的，不举行葬礼；未婚青年男女死亡，只能举行简单的葬礼，棺木不能进入家族的墓地，只能葬于公墓。另外，客死异乡或非正常死亡之人，灵柩不能抬回家中。而喜洲在外求仕、求学、经商的人极多，在外亡故，都要从外地扶柩返乡安葬，因此产生许多困难。民国年间，严子珍先生曾出资在古镇西南修建一院子，称"寄柩所"，从外地运回的灵柩都可暂寄，满足了家乡人落叶归根的夙愿。

过去，凡老人在家中去世，临终前子女均围在老人榻前守候安慰，有的子女还将其搂在怀中侍药或聆听遗嘱。老人最后一口气咽在谁的怀中，即被认为与谁最有缘、最亲近，俗称"接气"。老人弥留之际，还有人对其喊："慢慢走，莫挂心，要往人市走，莫往畜市行。"逝者咽气后，要把一枚去核装有碎银的红枣或银杏，置入死者口中含住，意为到阴间的买路钱。

入殓前，孝子要戴上草帽，披上衰衣，到井边买水，用热水和青蒿为死者洗涤，剪去手脚指甲装入小荷包，给死者穿上"寿服"。寿服一般为蓝黑色，旧时有功名者，亦可穿官服入棺。入殓前，先垫刨花、灯芯草、草纸在棺中，再垫"喜褥喜被"。死者放入棺中，要身体仰面朝上，四肢并拢、伸展笔直，并用刨花和草纸等充填物将棺中空隙填实，不使遗体动摇，然后盖上红绸做的"喜被"。死者生前的衣物、被褥及日常用品，在入殓的当天晚上即烧了送出，白语称为"素铺衬"。妇女死后，要等候娘家的人来观看后才能钉棺。

老人去世，孝子要到族中各户门前叩拜报丧；如母死，孝子则要到舅家门前叩头报丧。从入殓到出殡安葬的过程中，还有盖棺、问吊、布置灵堂、家祭、赐谥乡评、出讣告、点主、出殡等诸多礼仪。其中，赐谥乡评是请本族德高望重的长者，根据死者生前之为人，给出恰如其分的"乡评"。如，男的谥"肃毅"、"敦厚"，女的谥"贤淑"、"惠敏"等。写祭文或神主碑，都要以此谥称为准。灵堂布置，突出庄严肃穆，灵柩放在堂屋内，前面摆有死者的遗像，堂屋楣头上书横批，男的写"跨鹤西归"，女的写"瑶池赴宴"，门框上贴白纸对联，通用的挽父联如"思亲蜡尽情无尽，望父春归人未归"，挽母联如"平生性善慈母泪，今日病逝悲儿情"，横批如"家训常闻"、"母仪千古"之类。灵前铺有垫褥、地毡或草席，供吊唁祭奠叩拜之用。灵柩两侧，另铺稻草或草垫，供孝子孝

诵读祭文

孙跪拜谢礼。

　　读祭文，是喜洲白族丧葬特有的礼仪，悼词格式古老，词语简要，内容多为颂扬死者的生平功德。念诵时，语音悲痛、深沉。诵到死者恩德时，孝子贤孙悲恸大哭。此外，"讲孝百"也是喜洲白族治丧仪式之中的一个重要部分。丧礼开始，孝子贤孙跪列于灵堂，由司仪主持祭拜，主事长者主持"讲孝百"。村中族长乡老轮番评述死者的功过，点评孝子的贤良之德，或不孝之举，以教育后辈待人处世。

　　出殡又称"发引"。当日，祭祀完毕，宾客齐至，即起棺出殡。以纸鹤、经幡、祭帐、花圈朝前，棺木在后，孝子、孝女相继跟随，最后为亲朋好友。送丧队伍缓缓

而行，沿途鸣放鞭炮，丢撒纸钱，行至过桥，孝子要回
首卧伏，待棺木过后才起身前行，称为"背死者过桥"。
出殡到绕灵谢客处，孝子跪拜送葬之人后，才把死者送
上山入土。殡葬后，孝子贤孙不得哭泣回家，只吹奏唢
呐，并由一位孝子护送死者遗像和神主碑回家安灵。出
殡抬棺掩土的人等回来后，要先喝姜汤水，用生蒿水洗手，
然后再吃晚饭。至此，整个葬礼方告结束。

    喜洲白族传统丧葬仪式过程繁琐，形式隆重，虽然
费财耗力，但也表现了其敬老爱老的传统美德，同时，
这一过程也是社会人生的"大课堂"，对后辈有很多的
启迪。

1 2

1~2. 出殡

风物特产

中国民间
文化遗产
抢救工程
THE PROJECT TO CHINESE
FOLK CULTURAL HERITAGES
SOS

喜洲土布

纺织技术在大理出现极早。洱海区域新石器时代遗址有关纺轮的发现，说明早在四千多年前喜洲等地的原始居民已经掌握纺织技术。唐宋时期，随着与内地经济文化交流的日趋密切，大理的纺织技术又有长足的发展。唐代樊绰《蛮书》卷七云："抽丝法稍异中土，精者为纺织绫，亦织为锦及绢。其纺丝入朱紫以为上服。锦文颇有密致奇采……"由于"悉解织绫罗"，因此，在南诏、大理国向中原朝贡的礼物中，除了牛黄、琥珀、越赕马等地方特产之外，还包括有纺织精细的棉布。到了明清时期，纺织业已成为大理妇女普遍的家庭手工业。正如民谣所说那样："苍山十九峰，峰峰有水；大理三千户，户户织布。"而喜洲等地生产的土布，更因为做工精细，

绣坊

一 中 国 一 名 镇 · 云 南 一 喜 洲

名播三迤。

　　喜洲民间纺织大多使用木制织机，民国前以手拉和投梭两种织机为主，民国后逐渐改为高效轻便的拉梭型织机，产量比以往高出几倍。这种织机，大多由沙村木匠制作，或从作邑、古生等村买来。每架织机约值半开五六元，纺车约值半开一元。织布所用的原料，一直以自纺土纱为主，及至清末民初，洋纱大量涌入云南，土纱方为洋纱所替代。当时，喜洲共有二十多家商户经营洋纱，他们从永昌祥、锡庆祥、复合春等大商号批发货物，然后，又转卖给小手工业者。洋纱以驮为单位，每驮18股，每股8斤。分粗细两种，粗纱21支，细纱23支，一般以细纱为经，粗纱为纬，经线有1040行。每驮粗纱和细纱约织布15件。

　　土布的纺织要经过数道工序。第一步，把细纱放入米汤或米粉浆中浸泡，然后再取出晒干；浸泡过程中，每股细纱约需耗费米粉1.6斤。第二步，将浸泡过的细纱用纺车绕成团，每团大致要使用两支纱。第三步，称为"牵线"，将细纱团绕牵在木织机的轮上，作经线用。第四步，再把粗纱在纺车上绕成小团，穿过织梭，作纬线用。准备妥当之后，就可利用木织机织布了。

　　民国时期，喜洲街约有织机六百余架，每人每天可织布36尺，年产约八万件，加上附近村落的产量，年产可达20万件。品种有大、小之分。其中，大布宽1.2尺、长2.4丈，小布宽1尺、长2.2丈。一年之中，冬天为旺季，春天为淡季，夏天为平季。成品土布多数在本地喜洲街、龙街、狗街等市集出售，或由本地染坊染色后行销滇西各地。民国中后期，喜洲土布每匹可卖2.4元半开，漂白布、蓝布则卖到了2.7元与2.9元。除此之外，喜洲

手工作坊

老年妇女还织名为"鸡肠带"的布，生产过程相对简单，先把纱送染房染色，然后团纱、牵纱、织带。每斤纱能织 0.87 斤"鸡肠带"，1 斤"鸡肠带"能卖 3.2 元。

1939 年，五台中学校董会出资 10 万元滇币作为学校基金会基金，经校董会同意，学校用此款在喜洲翔龙村圆通寺建立"振华织染厂"，用铁织机织布，生产 10 丈长，24 尺宽的"人字呢"、"翠湖呢"以及"花白布"、"蚊帐布"。人字呢、翠湖呢每匹重 10 斤，花白布每匹重 7 斤，蚊帐布每匹重 5 斤，产品畅销于大理、下关、邓川、洱源、鹤庆、剑川、丽江一带。后来，织染厂又从昆明购回 10 架铁织机和 4 架花线机，生产规模进一步扩大，全厂职工也达四十余人。至上世纪 40 年代中期，在各种洋布、纱布及其他纺织品的剧烈冲击下，喜洲振华织染厂终因技术落后而倒闭了。

喜洲土布曾经畅销滇西各地，为各民族生活中常用之物品，在大理近代纺织史上也占有重要的位置。

周城扎染

染衣清光，曰浓曰淡随水流；

布帛合色，或浅或深任人为。

这副对联描摹的是喜洲民间布料印染过程中常见的漂洗、浸染工艺，其用词形象生动，又隐含人生哲理，算得上是喜洲文人的得意之作。

喜洲是大理古代商贸最为活跃的地区，马帮寒暑无间的往来跋涉，使这个边远小镇在日渐喧阗的同时，也拥有了先进的生产技术。明沈德符《野获编》卷二十六云："元、明下大理，选其工匠最高者入禁中。至我国初，收为郡县，滇工布满内府，今御用监供用库诸役，皆其子孙也。"从这段文字不难看出，元、明内府工匠即有不少来自大理，由此亦可推见，喜洲等地的手工业技术于当时确有独到之处。明末清初，纺织印染业发展成为大理除了耕作外最主要的产业。清康熙《大理府志》卷二十二有"今大理耕织成风，凡其衣裳饮食，率皆随其地之所自出"的记载，正是对当时农村生产生活的真实写照，而喜洲则是这一地区无可争议的纺织印染业的中心。

大理旧时习俗，但凡家中有女儿出嫁，均要准备大红棉袄一套以为嫁妆，因此，喜洲等地生产的土布大多是染过了颜色才拿到市场上销售。染布多以草木藤七汁为颜料，工序大致如下：先将白布放入水中浸泡，再以石灰水反复揉搓，脱水之后，放入大甑之中蒸二至三个小时。蒸毕，将白布取出，以流水将石灰漂洗干净，挂于支架晾晒，间以瓢水泼之，以防白布起皱褶。接着又换碱水浸泡，并再次进行蒸漂，待其晾干方放入染缸染色，染色时需使染料均匀渗透，不能出现斑点和重色。浸染结束，还要用清水洗净，俟晾干不易褪色后，才用碾子将其压平。至此，所有工序方告完成。

　　当清末民初洋货大量涌入之时，喜洲土布的生存变得愈来愈艰难，面对工业化的机器产品，它也只能像落潮的海水一样从人们的视野里黯然远去。历史的脚步渐行渐远，曾经的辉煌早就化作了缕缕青烟，时至今日，喜洲传统的纺织印染工艺大都已消亡殆尽，目前尚能够完整看到的就只剩下周城的扎染了。

　　扎染，始于秦而风行于唐，中国古代称为"绞缬"，是一种古老而又曾经广泛使用的印染技术。古代扎染按工艺通常可分为二类：一类是用线将布扎成各种花纹，钉牢后入染，因钉牢部分不能染色，形成色地白花图案；另一类是在布上包扎米粒等谷物，然后入染，最终形成各种图案。周城等村的扎染则属于第一种类型。

浸染

染缸

　　扎染是一项以手工为主的传统工艺，其制作过程一般要经过扎花、浸染、出缸、拆线、漂洗等几道工序。在周城等村，参与扎染制作并不存在明显的男女限制，只是由于技术特点的差异而有简单的分工。像扎花与拆线这样以针线为主的工艺，即要由妇女来完成。每逢此时，妯娌们便会跟随婆婆聚于廊下，用细针小剪把一幅幅未染的白布扎紧，然后又将已染的蓝布一幅幅地拆开。她们的动作是如此的轻巧，透着安详与宁静，直教人感受不到一点儿为生计忙碌的意味。相比之下，浸染、出缸、漂洗等工序就紧张得多，不仅需要体力，也更借重经验的积累。对中国传统社会而言，举凡涉及核心技术之事，大抵是要由男子去做的，喜洲也不例外。为保证染布的质量，喜洲等地的染坊都有经验丰富的师傅来掌控浸染的程度和出缸的时机。这个扮演着总技师角色的重要人物，人们则习惯地尊称其为"掌缸人"。当然，在大多数情况下，担任掌缸人的就是家中染技最为精湛的那位男子。

　　传统印染技术主要来自于经验的积累，由于缺乏科学的认识，因此，即便严格按固有的配方和程序进行下料、浸染，也可能受染靛和气温等条件的影响，染不出

扎花

合格的扎染来。一旦遭遇这种情况，各染坊在检讨自身技术缺陷的同时，都会虔诚地向染神祈求护佑，希望以此来消除遇到的难题。喜洲染户供奉的染神有两位：一位是西汉的学者梅福，另一位则是东晋著名的炼丹家葛洪。据说，梅福种植了蓝草，而葛洪创造出了制靛染青之法。每年农历九月初九，是周城染户祭奠梅、葛二仙的日子，这天，人们会备好酒水祭粢，在感谢二位染神的同时，诚心祈求染业能够兴旺发达、永葆昌顺。

周城扎染给人的感觉极其清雅，那蓝色的质地、白色的纹案，真让人怀疑是不是蔚蓝的洱海和洁白的帆船都给染师摄取了过来。其实，除了能予人"梨花淡白柳深青"这样的审美体验外，周城扎染还由于使用板蓝根等植物染料而具有了清热解毒的药用功效。因此，它不

植物染料板蓝根

仅常被当地白族用来缝制衣物，而且也得到中外游客的喜爱。在旅游市场上，物美价廉、乡味浓郁的扎染是非常畅销的，就连古镇富春里一带，也常有白家大嫂在街道两旁挂些扎花，殷勤地向游人兜售。商铺毗邻，行人如织虽是现今富春里、四方街一带的热闹写照，但在古镇印染业最为鼎盛的时期，其生产和销售的中心却并不在这里。

与诸多历史悠久的古镇一样，喜洲在历经沧桑的同时，亦努力延续着自己的历史血脉。经过千余年时光的洗刷之后，昔日南诏异牟寻的王宫早已荡然无存，只有那些寻常巷陌，似乎还依稀残留着岁月的痕迹。然而，只要多留意，前人遗下的种种刻记仍不难发现，毕竟，喜洲的许多地方在大理历史上都有过独领风骚的时候。

其中，位于彩云街与市户街之间的染衣巷，便是清代至
民国初年大理印染业最为发达、集中的地方之一。

　　在时间的推移中，今日的染衣巷已不复旧时面貌，
但是，通过屹立于巷口的那块记录着街道历史的石碑，
却依然能够想象出这里曾经发生过的一切：宽敞而洁净
的院落里，绾起手袖的大哥就着硕大的染缸，为缸内的
布帛挥汗如雨；屋前清澈的小溪中，赤足的大嫂随着流波，
反复洗濯着出缸的染布；门外整齐的石板上，身披毛毡
的赶马人和驮满布匹的骡马，在得得的蹄声中来了又去，
去了又来……

　　这一时期，不仅日染布匹近百的"兴顺祥"杨家商
贩云集、热闹非凡，就是年染量不足万匹的徐家、董家

也都是人进人出，无一日的清闲。由于产量多、质量好，喜洲各染坊生产的青布、毛蓝布、漂蓝布、扎染布很快占领了大理本地市场，并由于大理身处交通要冲而远销至滇西各州县，当然，这对民国时期喜洲商业社会的繁荣也起到了促进的作用。

奔涌的浪涛也总有停落的时候，从上世纪30年代起，染衣巷大大小小的染坊开始逐渐衰落，这一过程虽然复杂，但生产成本过高和现代印染技术的冲击却是主要原因。大概是从峰尖跌至谷底产生的心理落差太大，染衣巷的后人们都不再重操祖辈的职业。这虽然有些往事不堪回首的意味，但以扎染为代表的传统印染技术还是在喜洲这块古老的土地上传承了下来。

白族民间艺人施珍华先生有一首民歌写道：

扎染布来扎染花，
针线扎成万朵花；
古传工艺五百年，
中外人人夸。
板蓝根汁作染料，
清热解毒疗效佳；
最宜贴身来穿戴，
做褂子裤衩。

或许，独特的工艺、功用和大众的喜爱，就是扎染在今日仍能大放异彩、广受欢迎的原因吧。

1 2

1.染衣巷
2.染衣巷杨家

金圭寺位于喜洲古镇的东面，濒临洱海，过去是一个以制毡为主的村落。村中九成以上的人都会制毡，鼎盛之时，有制毡户二百七十余户。喜洲有"金圭寺无甸"之说，专指该村自古靠制作羊毛毡为生，只有少数人从事农业和渔业，故新中国成立前，金圭寺没有田坝，只有不会制作毛毡的人家向外村租佃，或买田耕种，故称为"金圭寺无甸"。

大理制毡业有悠久的历史，《蛮书》、《岭外代答》等文献均有提及，在唐代就非常有名。但据金圭寺民间相传，其制毡业源自汉代，祖师爷即为武帝时出使匈奴的苏武。村中至今保存着苏武祖师庙，庙内大殿供奉有苏武的塑像和财神爷的塑像。每年农历六月六日，为祖师爷的寿诞。此日，全村男女老少、特别是制毡的羊毛匠人，都要到庙里给祖师爷祝寿，并举行祭祀盛典。仪式极为隆重，家家户户杀猪宰羊，焚香顶礼，敲锣打鼓，接女请客，热闹异常。

曾有学者提出疑问："苏武怎能跑到大理传授技艺，显然与史实不符。"可是村民们一口认定："千百年来，制毡业的祖师爷就是苏武，虽然他不可能来到大理，但他在匈奴牧羊时，用羊毛作垫背，久而久之，羊毛滚压

成毡子，他从中得到启发，从而发明了用羊毛制作毡子的技术，这个技术在中原地区流传，又从中原传到我们金圭寺，怎能说不可能呢？"不论制毡的技术是否由中原传入，但传说本身就已表明，大理与内地之间一直存在密切的文化交流，这点在历史上是毋庸置疑的。

制作毡子的原料，以羊毛为主。用纯羊毛做成的毡子质量上等，称为"清水毡"。清水毡必须选用纯白羊毛制作，杂色、黑色或粗糙的羊毛都要拣出，做成纯白色毡子后，通过染色或彩画，制成各种颜色的毡子或花毡。用牛毛、狗毛等杂毛制作的毡子，不能染色，称为"灰毡"。灰毡质量差，价格也比较便宜。为了收购上好的羊毛，金圭寺人足迹所至，远达漾濞、永平、云龙、兰坪、保山、腾冲、石鼓、丽江、永胜、中甸、楚雄等地的各少数民

中 国 名 镇 · 云 南 喜 洲

族高寒山区。只要盛产羊毛的地方，金圭寺人无处不至。羊毛收购有季节性，如三月、六月、九月剪下来的羊毛质量较优，其中又以丽江、石鼓等地的羊毛为最。

　　毡子的制作完全用手工完成，常用的工具有弹毛弓、竹帘、擀棍、木槌、铜锅、晾架等。制作过程比较复杂，要经过铺毛、水烫、捶打、脚碾（擀制）、绘画、漂洗、染色等流程。看似简单，然非技艺精湛的能工巧匠不能胜任。如绘画和染色就需要十多道工序：画者用特制木笔，蘸上面糊将图案画在毡子上，晾干后，放进大锅内水煮，每一锅煮四五十床，同时加入染料，并配以一定分量的干乌梅水和酸矾，以提高色彩的鲜艳度，煮毕取出晾干，用菜刀将面糊刮去，彩色的毡子上就显现出白色的纹样。这些图案，历久弥新，虽水洗亦不掉色。

　　金圭寺擀制出的毛毡主要有以下几类：

　　披毡：以羊毛掺入杂毛制成，轻便耐用，保暖防雨，用途广泛，为赶马、行商之人所必备，在彝族地区也比较常见。

　　盖垫毡：一般长五尺，宽三尺，重五斤，用剪羊毛或掺入杂毛制成，防潮避雨，极为轻软，多作盖垫用，有白色、黑色、灰色等颜色。

　　清水毡：以纯白羊毛制成，有红底白花、蓝底白花或绿底白花等品种，适宜于盖垫、摆设之用。过去，喜洲白族在婚庆之时，一床大红白花满床毡子是必不可少的，即便是贫穷人家，也要向人借用，因为，新娘、新郎拜堂的时候，必须在席子上摆一床大红毡子，以示喜庆。

　　金圭寺制作的羊毛毡子，过去销路甚广。省内滇西、滇东、滇南各县都有需要，祥云、楚雄、昆明、临沧、耿马、剑川、洱源、丽江、中甸等地的销量都很大。省外则以

大、小凉山彝族地区的需求量最大，几乎人人必备，他
们除了现购外，还请金圭寺制毡匠人上门加工，往往数月、
数年地做下去。外出的金圭寺白族匠人还曾将技术传授
给其他兄弟民族。据说，昭通地区的制毡技术就是金圭
寺匠人传授的，后来，昭通地区的制毡业大有发展，名
闻遐迩，还推销到滇中及附近各县，如玉溪、宜良、开
远等地。

　　金圭寺的制毡工艺十分精湛，可根据顾客的需要进
行深加工。早年，他们曾上门为宾川李西平家擀制了一
床重五十斤的地毡，蓝底白花，颜色鲜艳，纹样精彩，
有"二龙抢宝"、"双凤朝阳"、"狮子滚绣球"、"白鹤含
松"、"二八争梅"等图案，还配以各种花卉的花边。将
地毡展开，能把三间通窗的大厅铺满，在当时引起轰动，
远近之人都去参观。看过之后，无不啧啧称赞，夸奖金
圭寺人擀出的毡子，不仅手工精巧，花色美观，鸟兽鱼
虫，栩栩如生，而且毡子紧密柔软，经久耐用，价廉物美，
即便与国外的地毯相比，亦毫无逊色。

　　金圭寺的手工制毡技术，传承至今已有上千年的历
史，是白族珍贵的非物质文化遗产。

1 2 3
1.苏武祖师
2.弹毛
3.擀毡

中一国一名一镇·一云一南一喜一洲一

破酥粑粑

破酥粑粑，也称为"喜洲粑粑"，是喜洲当地最具盛名的名特食品。

据民间传说，清光绪年间，喜洲街的"大苟师傅"总结前人的工艺，首创了用炉底、炉盖烤制"粑粑"的方法，使喜洲白族的烤饼技术有了飞跃发展。具体做法是，以底火盆加平底锅组成炉底，再用一个装炭火的盖子作为炉盖。烘烤之时，炉底用文火；炉盖罩在平底锅上，用武火。麦面"粑粑"在上、下两层炭火的烤制下，受热均匀，一次即能烤熟。她烤制的"破酥粑粑"名闻遐迩，成了绝技，经久不衰，至今人们仍津津乐道，称之为"大苟破酥"。当时，喜洲十六村的村民，如到喜洲赶街，又或家中办红白之事请客，一般都要向其订购"破酥粑粑"，一定就是数十个，甚至四五百个。平均到每天，她家的"破酥粑粑"可以卖出千余个。

制作"破酥粑粑"，须用上等麦面，先发酵一部分，制成糊状的发面浆。烘烤前，再兑入适量的土碱或小苏打，与干面粉迅速糅合，成团状。将面团辗薄摊平，加抹猪油，卷起滚成筒状，用刀切成约一百克的小面团。擀薄之后，包入不同味道的馅，再擀成薄饼状，用毛刷将火炼猪油或香油刷于饼面，放入锅内，盖上生有炭火的炉盖，烤五至十分钟，即可出锅食用。

用来烤制"破酥粑粑"的炉底、炉盖是一套铁质的器具，呈圆形，直径约八十公分，以木炭作为燃料，一次能烤六至八个"破酥粑粑"。由于经过上、下火力的烘烤，烤熟的粑粑皮色金黄，又酥又泡，散发着浓浓的香味，看上一眼，令人馋涎欲滴。

喜洲"破酥粑粑"分甜、咸两种。咸味多加入葱花、食盐、花椒、猪油，特制的则有鲜肉馅、火腿馅等种类。甜味多加入玫瑰糖、蔗糖、猪油，特制的则有油渣馅、

抹油

洗沙馅等种类，或在饼面上加鲜鸡蛋。此外，还有"椒盐粑粑"、"混糖粑粑"、"牛舌粑粑"、"酥油粑粑"等，味道各不相同。正宗的"破酥粑粑"重视选料，一定要选上等面粉、火炼猪油、鹤庆火腿、景东蔗糖、自制玫瑰糖等来进行制作，坚持薄利多销、不欺不诈。

　　喜洲粑粑以"破酥"为名，其特点即表现在"破"、"酥"二字上。传统"破酥粑粑"着意在重油烤制上用工夫，刚出炉的粑粑，清香扑鼻、色泽金黄、且酥且烂，质量特优者，要用盘托方能托住，用筷夹食，香酥可口，油而不腻，酥而不脆，味道独特，令人食欲大增。如今，由于人们之饮食以轻油为尚，所以"破酥粑粑"的用油相对减少，用盘托食的现象也不存在了。

喜洲"大苟破酥"享誉一时，能得其真传的，清末第二代只有一户，民国时期第三代也只有五户。其中，第三代传人之一的"得生和破酥"，将店铺开到了大理、下关一带，生意红火，门庭若市、享誉一方。传到现在，以售卖"喜洲破酥"为业的早已不计其数，不仅喜洲附近各村参与者日众，即便周边各县市也有不少家庭从事此业。改革开放以来，口感独特的"喜洲破酥"更是走出大理，走向了全国各地，甚至在北京、上海、广州等大城市也能见到它的踪影。不少游客到喜洲，也以品尝真传的"破酥粑粑"为一大乐事。为此，还有人专门撰联称誉其云：

有色、有香、有味，能餐可赏，妙化无穷，饼小乾坤大；
解饥、解馋、解困，便民利己，济世有方，技简岁月长。

沙村鱼鹰

沙村，又名海舌，位于喜洲古镇的东北部，濒临洱海，是一个典型的白族渔村。俗话说"靠山吃山，靠水吃水"，生活在洱海边的沙村人，在长期的生产实践中，总结出了一整套捕鱼的方法，其中，尤以鱼鹰捕鱼最具特色。

鱼鹰，学名鸬鹚，又名水老鸦，是一种体型较大的水禽，善于潜水捕鱼。身体比鸭狭长，羽毛为黑色，并带有金属光泽；眼睛呈淡绿色，头部后侧有不明显的羽冠；嘴为长锥状，喙端具有锐钩，适于啄鱼；下喉有小囊，喉部羽毛有大白点；脚黑色，趾扁平，具全蹼。

洱海区域何时开始驯化鱼鹰捕鱼，地方文献并无明确的记载，但从考古资料来看，早在三千多年前，洱海周边的渔民就有可能开始驯养鱼鹰了。当然，驯养鱼鹰的过程非常复杂，时至今日，这项技术仍然是沙村渔民的不传之秘，只在亲族间口口相授，而没有任何文字的记载。洱海鱼鹰驯化的程度非常高，人和鱼鹰之间的配

合可以达到一致的水平。据说上个世纪末，大理渔民曾赴日本参加"世界内陆湖泊鸬鹚捕鱼技巧竞赛"，获得第一名。洱海鱼鹰之所以获奖，是因为它能"听懂"主人的白族话，在主人的歌声的引导下，很快就能捕到鱼，然后主动回到船上，把鱼交给主人。而外国的鱼鹰捕到鱼后，不会主动返回，要靠拴在身上的一根绳子将其拉回到船上。比赛结束后，有日本渔民当即要以一只两万元的高价购买洱海鱼鹰，但被视鱼鹰如子女的洱海渔民拒绝。

捕鱼的时候，要在鱼鹰的脖子上套一根麻织的细绳，以防它们私吞大鱼。每天清晨，沙村的渔民们迎着朝阳，驾着小木船，载着成群的鱼鹰，荡舟于洱海之上。到达捕鱼的区域，渔民用竹竿将鱼鹰赶下船，鱼鹰一头扎进浪花之中，在水下迅速地游动，仅仅一会儿工夫，就一只接一只地跃出水面，拍打着翅膀，将战利品送回到小木船上。此时，渔民们唯一要做的就是，不断地用手拍击鱼鹰长长的喉咙，让它们把鱼儿投进装鱼的竹篓里。抓到大鱼的时候，如果一只鱼鹰力有不逮，其他鱼鹰还会过来帮忙，表现出很强的协作精神。

上个世纪 60 年代，沙村有 72 家渔民饲养鱼鹰，鱼鹰有一千六百余只。到上世纪 90 年代末，因洱海每年都要进行半年的封湖禁渔，鱼鹰生存困难，养殖户只剩下 30 家。其后，又有许多人家陆续放弃养殖，最少的时候，仅有 6 户人家养殖鱼鹰，鱼鹰的数量也锐减到不足百只。

眼看祖祖辈辈传下来的驯养鱼鹰的技艺即将消失，沙村的一些渔民看在眼里，急在心头。从小生活在洱海边的杨玉藩经过考察和学习，准备进行"鱼鹰捕鱼表演"

一中一国一名镇·云一南一喜一洲

1
　2
　　3

1. 洱海鱼鹰
2. 渔归
3. 鱼鹰捕鱼

的旅游开发尝试。从2009年开始，他挨家挨户做思想工作，把大家组织起来，统一了鱼鹰管理的思路，顺应政府保护洱海的要求，从改建沙村海边的湿地开始，大家先后投入资金四十余万元，对三百多亩水域环境进行了改善。经过工商、旅游、洱海管理局等职能部门的行政审批，组建成立了沙村"大理洱海鱼鹰驯化基地"，通过鱼鹰驯养和捕鱼技艺的旅游表演，对洱海鱼鹰文化进行传承和保护。

2009年，"洱海鱼鹰驯养捕鱼"被列为云南省第二批非物质文化遗产。

风流人物

中国民间
文化遗产
抢救工程
THE PROJECT TO CHINESE
FOLK CULTURAL HERITAGES
SOS

翰林

异牟寻

异牟寻，南诏王阁逻凤孙，凤伽异子，唐大历十四年（779）嗣立，卒于元和三年（808）。在位三十年间，他积极推动南诏与唐王朝的友好往来，为祖国边疆的稳定和统一的多民族国家的形成作出了贡献。

异牟寻即位初期，曾在大厘城（今喜洲）居住了6年，他不仅加强对喜洲的建设，还设专门管理商业活动的官员"禾爽"，在喜洲长住，对喜洲经济社会的发展产生了积极的影响。时至今日，异牟寻在喜洲兴建的绝大部分建筑早已荡然无存，但御花园的水井、五朝门、王城的具体方位还清晰可辨，护城的铁汁亦历历在目，民间尚流传着他许多文经武略的传说。

南诏在阁逻凤时代，与唐王朝发生了"天宝战争"，虽然战争使南诏实力增强，版图得到扩大，但南诏困难的处境却没有得到根本上的改变。吐蕃不断虎视洱海地区，双方关系不断恶化。异牟寻即位之后，在清平官郑回的反复劝解下，洞察形势，经过深思熟虑，下决心与唐修好。同时派出使臣持信三路并出，要求归附唐王朝。结果"三使悉至阙下，朝廷纳其诚"，西川节度使韦皋"恭承诏旨"，专派崔佐时为代表到大理。贞元十年（794）正月五日，异牟寻、崔佐时会盟于苍山神祠，发誓"归附汉朝"、"永无离二"，誓文一本请剑南节度使随表敬献，一本藏于神室，一本投西洱河，一本异牟寻留诏城内府库，贻诚子孙。

其后，唐王朝又派袁滋等人为专使，持节册封异牟寻为"云南王"。袁滋一行于贞元十年（794）六月从长安出发经四川来滇。异牟寻派清平官尹辅酋等人出滇东迎接，袁滋等人一路受到南诏官民热情隆重的接待。除派大军将李凤岚率人马到白崖城（今弥渡红岩）迎接外，

剑川石钟山石窟异牟寻像

异牟寻则亲出王城阳苴咩（今大理）五里迎接。欢迎队伍以披红戴绿的十二头大象为前引，其次为乐队、仪仗队，异牟寻穿金甲、披虎皮、执双铎鞘，其子寻阁劝在旁，护卫千余人。场面之壮观，礼仪之隆重，盛况空前。第二天举行盛大的册封仪式，异牟寻出示当年唐王所赐旧物，并让唐朝宫女演奏"龟兹旧乐"，重温情谊，以示不忘大唐之恩德。册封事毕，袁滋一行返唐，异牟寻又派清平官尹辅酋等人，奉表谢恩，并敬献铎鞘、浪剑、生金、牛黄、琥珀、象牙、犀角、越睒马等贵重物品。让大军将王各苴带三百人"提荷食物"，于十一月二十四日护送袁滋一行至豆沙关（今昭通石门）。从而结束了双方长达四十余年的战争。此后，吐蕃也因势薄而上表归唐。苍山会盟对西南地区的发展和稳定产生了划时代的影响，谱写了中国民族关系史上的光辉篇章。

据史书记载，异牟寻"颇知书"，"有智数、善抚众"。他仿照汉制禅封苍山为中岳、乌蒙山为东岳、无量山为南岳、高黎贡山为西岳、玉龙雪山为北岳；封金沙江、澜沧江、怒江、恩梅开江为四渎，各建神祠。确定了苍山十九峰、十八溪和洱海的地名。又先后派遣千余子弟到成都留学，学习书算，"业就辄去，复以他继，为此垂五十年，不绝其来，则其学于蜀者不啻千百"。异牟寻大力推行礼教，吸收汉文化，提高南诏的经济文化水平，在他长期的励精图治下，南诏日益昌盛，逐渐向"人知礼乐、本唐风化"方面发展。

段宗榜

段宗榜为南诏第十代王劝丰佑时期的清平官、大军将，是大理国开国之主段思平的祖先。

异牟寻死后，其子寻阁劝、孙劝龙、劝利相继即位。劝利死，其弟劝丰佑承祚，受唐册封为云南王。当时权臣王嵯巅手握重兵，恣意发动侵唐战争，大肆掳掠，多次得手，野心勃勃。又独断朝纲，树植党羽，朝野咸怨，文武百官却噤若寒蝉。劝丰佑怕有性命之忧，忧心如焚、日夜提心吊胆。经过冥思苦想，认为只有清平官、大军将段宗榜赤胆忠心，足智多谋，可以担任除奸重任，段宗榜获悉王命后，发誓效命锄奸。

唐宣宗大中十二年（858），狮子国（今斯里兰卡）进攻骠国（今缅甸），骠国国王求救于南诏，劝丰佑有意分散王嵯巅兵权，便命令段宗榜率兵救缅。老奸巨猾的王嵯巅请派其子随师援缅，意在暗中监视，段宗榜则请得王命，在途中以违反命令军规为由将其斩首。山高水长、音讯阻隔，儿子被杀，王嵯巅还蒙在鼓里。段宗榜

挥师击败狮子国，缴获金鼓、旗帜、兵仗无数。骠国国 庆洞神都段宗牓像

王赠佛舍利以为酬谢。段宗牓班师回国，途闻南诏王劝
丰佑薨逝，王嵯巅更加弄权，段宗牓深谙锄奸更难，于
是以迎接佛舍利之名义，引王嵯巅到腾越。王跪拜迎佛
时，段宗牓手起刀落斩下其首级，除了权奸。回大理后，
立劝丰佑子世隆为南诏王，于唐宣宗大中十三年（859）
即位，称为景庄皇帝，改元"建极"。

　　段宗牓成为护国功臣，却功成身退，解甲归田安度
晚年。民间传说，他去世后被老百姓奉为本主神，尊称
他为"狮子国王一德天心中央皇帝"。其庙"中央神祠"
在喜洲寺上村，至今平素香火兴旺，逢本主庙会，喜洲
街及附近村落的白族都会聚集于此，念经，唱戏，焚香
燃烛，祭供不断，感念他的德泽。

杨奇鲲

杨奇鲲生卒年不详。据《新纂云南通志·耆旧传》记载，杨奇鲲为叶榆（今喜洲）人，曾任南诏王隆舜时期的清平官。其时，唐僖宗以宗室女安化公主妻南诏王隆舜，南诏派遣清平官赵隆眉、杨奇鲲、段义宗三人朝唐僖宗于行在（今成都），并迎回公主。高骈自扬州上言："三人者，南诏心腹也，宜止而鸩之，蛮可图也。"僖宗听从其言，赵隆眉、杨奇鲲、段义宗三人皆被毒杀。

杨奇鲲读书贯串百家，尤长于诗，曾作《途中诗》云：

（首缺二句）
风里浪花吹更白，
雨中山色洗还青。
海鸥聚处窗前见，
林狄啼时枕上听。
此际自然无限趣，
王程不敢暂留停。

董成

董成生卒年不详，系南诏王蒙世隆时期的清平官，很有外交才能及文才，是南诏时期的栋梁才之一。董成为喜洲市坪街白族董氏的祖先，传至今日已有四十余代。

唐懿宗咸通元年（860），董成奉南诏王世隆之命率人出使成都，与剑南西川节度使李福辩理，李福怒辱之，将他囚禁于驿馆。七年之后，唐懿宗下诏将董成一行招至京师，赐见于偏殿，董成对答得体，帝甚悦之，赏赐衣物甚厚，好言相慰，将一行人护送回南诏。

董成是南诏著名的诗人，文学修养极高，精通汉学，在唐代诗人中也占有一席之地。其著作颇丰，惜多有散

董成祠

佚，今仅余数首汉文诗传世。董成之诗多为赴唐途中所作，把客居异乡、心怀故国的情思淋漓尽致地表现出来，因景抒情，融合无间，极富感染力。如《思乡》云：

> 泸北行人绝，
>
> 云南信未还，
>
> 庭前花不扫，
>
> 门外柳谁攀，
>
> 坐久销银烛，
>
> 愁多减玉颜，
>
> 悬心秋夜月，
>
> 万里照关山。

杨黼

杨黼，字桂楼，世人称之为"存诚道人"、"海上仙翁"。喜洲向阳溪人，出生于元末，生长于明初，是明代著名的白族学者。

明洪武十五年（1382），傅友德、沐英、蓝玉率明军攻入大理，杨黼的养父杨保为段氏领兵元帅，于城破时殉国，杨黼的叔叔杨名见兄长为国捐躯，也用弓弦自缢。

山花碑

杨黼正值青少年时代，因其养父、叔父的缘故，被视为段杨余孽，受到株连，被迫隐居民间，只敢读书，不敢求名。抱定与人无争、与世无忤、苟全性命、不求闻达的思想，从不言人过失，专门攻读释典，讲求孝经，口绝膻味，工书善篆。有人劝杨黼应举，他只是笑谢："性命尚难保，岂能理外物呢？"仅此一语，就表明其明哲保身的心境了。

杨黼庭前有一株大桂树，他将几块木板捆扎在上面，自题为"桂楼"，日日夜夜读书睡眠，都在此楼之中，咏歌自得。经常以白语著竹枝词，无人能识，所作之《山花碑》，汉字白读，寓意深奥，被人称为"诘屈难解"。这与杨黼当时的处境有关，恐以文贾祸，才作出隐晦之词。然《山花碑》乃杨黼力作，给我们留下了有关白族诗歌和"白文"使用的珍贵资料，对白族民俗、宗教信仰，以及明代"释儒"的思想体系的研究，亦很有价值。

杨黼是有名的大孝子，因家境贫寒，躬耕数亩田园，以养双亲，但求能取悦二老，不辞辛劳。有一天，杨黼闻人言，西蜀有无际大士悟道，杨黼禀请父母欲往亲访。父母许诺后，杨黼前往四川，路遇一位老僧，问杨黼要到哪里去？杨黼回答拜访无际大士，老僧道："你去见无际，不如去见佛。"杨黼问："佛在何处？"老僧应道："速归家，见披衣倒屣之人，便是真佛，不必他求。"杨黼调头返家，沿途并未遇见披衣倒屣之人。及抵家，杨黼叩门，老母听到声音，知儿子返家，不胜喜悦，急忙披衣倒穿布鞋出来，迎接儿子。杨黼见到老母亲披衣倒屣的形状，与老僧所说佛状相同，顿时大彻大悟，想：父母即真佛，孝养父母即如奉佛，佛就在面前，又何必舍近求远呢。至此，杨黼一心居家孝养父母，不敢稍懈，每天坐在桂楼里注疏《孝经》数万余言，引证群书，谈论性命之学，临摹小篆字。

民间相传，杨黼写秃的毛笔，数以千计，堆笔成冢，称为"笔冢"，葬于西园，作笔铭以志其事，表示惜笔如金，不忍抛弃。时人笑杨黼为笔痴，杨黼亦不计较。后来父母相继逝世，杨黼家贫如洗，无力营葬，只得将父母用薄棺寄于佛寺内，去帮人做佣工，得了工钱之后，方将父母安葬。杨黼对人言："吾安葬了真佛，世事已了。"便只身一人到鸡足山隐居，栖身于鸡足山罗汉壁洞内，竟几十年不归，寿至八十，子孙才迎回家奉养。一日，杨黼沐浴更衣，端坐堂中，令子孙叩拜，道："我明日午时要走了。"子孙见杨黼没有疾病，不信他的话，不料到了第二日午时，杨黼竟念偈一篇，瞑目而逝。

杨宗尧

杨宗尧（1476—1522），字从道，别号中行子，喜洲中和邑人，父讳明，母杨氏，是明代著名的白族学者。

杨宗尧自幼颖慧绝人，读书过目成诵，其父望子成龙心切，日有所思，夜有所梦，尝梦杨宗尧三元及第，因而供其读书之志愈坚。杨宗尧生性仁孝，年方十六，即割股奉亲以除顽疾。十九时，杨宗尧得补弟子员，见同业举子者，曰："学止此耶？"于是，励志圣贤之学，博探约取，潭思力践，以古之豪杰自期。熟知杨宗尧的人，见其志向远大，学习勤奋，都认为他今后一定不凡。

福建人许坦，以《易》学闻于世，曾任大理郡守，见到杨宗尧的文章，深为赞赏，相邀他到府衙，日与论学，赞不绝口。杨宗尧虚心求教，这时远近学许者四至，许坦指认杨宗尧为辅导，于是，杨宗尧之名播扬四方。

明弘治十二年（1499），杨宗尧二十四岁，但自以年长应试为羞，悄然赴省垣参加乡试，虽同窗之间，亦不与闻，恰好又遇杨士云于坡头村桥头，于是才有两人"让解"的佳话，是科杨宗尧因饱学，果举云贵乡试第一名。然而杨宗尧因杨士云相让，心中终觉不安，等见到杨士云下科亦中解元，杨宗尧方才释然。后来，杨宗尧再接再厉高中进士。

杨宗尧是个孝子，因父亲年高，归省孝养老父。父亲去世后，杨宗尧已经四十六岁，始登礼部，观四川司政。杨宗尧自知晚遇，上书直言"勤圣学"、"慎用人"二事，并引经史要言为证，深得朝廷重视。明武宗朱厚照优诏答之，杨宗尧欲再度建言，论天下诸可兴革，但却因抱病未能实现。杨宗尧自知不起，乃致弟杨宗禹书曰："今日寸进，皆先人余庆。"谆谆以尚俭朴，勿浮费，急赈贫乏，并以古嘉言法行教弟。未几，杨宗尧以疾乞归，礼部尚书毛澄认为杨宗尧"雅有声称，可胜纂修。"于是疏名上请。待朝廷命下，杨宗尧已经一病不起，于嘉靖元年（1522）十一月十七日去世，时年四十七岁。

杨士云

杨士云（1477—1554），字从龙，号弘山，别号九龙真逸，喜洲古镇大界巷人，是明代著名的白族学者。道德、文章、气节为人所重，乡人尊称其为"弘山公"，被视为喜洲儒林的第一人。

杨士云自幼家贫，但他嗜书如命，力学不断，百折不挠。早先在私塾读了三年书，后来就读于弘圭山名师董公。弘圭山相距喜洲约十里之遥，杨士云每日上学归来，一定顺路砍柴一背，卖柴买米，以帮助家庭。生活虽然艰苦,但始终不能阻挡杨士云求学之志。他更加孜孜不倦,勤学苦读,年仅十四岁,便考取秀才案首,十六岁时已经将应举业课备齐,深得宗师赞许,私下曾与人说:"此子若应云贵两省乡试,解元非他莫属。"杨士云于弘治辛酉科中云贵乡试第一名,正德丁丑科考中进士,以文望选为翰林庶吉士,由此名动公卿,当时同馆的名士崔如玉等,对杨士云的诗文才华也是钦佩不已。

杨士云为官清正,任工科给事中期间,奉诏盘查湖广积粮。事毕,请准取道回乡省亲,刚进入云南地界,离乡土尚在千里之外,就将从人轿马遣散,只身一人一马一随从。有人询问原因,他回答说:"省亲,私也。岂能以使节盛从显耀于乡中父老?况居官,必以俭为宜。"于是轻装简从,悄然归里。不久,杨士云因父病逝,守墓百日,除服之后,朝廷屡次召他赴京任职,亲友俱来劝说,杨世云说:"老母在堂,何忍远离,更难奉慈亲赴任。"遂决意不出。

杨士云乃在祖屋之旁,修筑了一座小楼,名曰"七尺书楼",读书奉母。贵官闻之,欲为杨士云另外修筑府第,杨士云推辞说:"我祖祖辈辈居之,未嫌其狭陋,今我居之,另修小楼,于我侈且过矣。昔尧阶七尺,禹阶三尺,颜回居陋巷,不以为忧,圣贤止此,予何人也,敢望更侈耶?"

1

2

1.让解桥题字碑
2.杨士云故居

中—国—名—镇·云—南—喜—洲

七尺书楼

于是谢绝他人好意，不复另营新第。杨士云每日坐卧小楼，闭门读书，一坐十年，本土官吏，欲求一见而不可得，名公巨卿，慕名而来者，亦难一面，有人戏曰："此楼应改名为'何妨一下楼'"，杨士云但笑不语。

母亲去世后，杨士云丁忧守孝，朝廷再三召其出仕，他迫不得已，以遗逸补兵科给事中，后转户科给事中。因为不满仕途恶习，官场黑暗，羞与同污，而称病不出，辞官坚请乞老还乡。当时之士林无不遗憾，认为一方名儒老死牗下未免可惜，但他不以为然，仍著书立说乡居二十五年，甘贫自乐，绝迹城市。丽江土官馈赠黄金，谢而不受。有时绝粮，茹蔬啜茗怡如。他视高官厚禄如敝屣，而对乡土公益建设、父老乡亲疾苦则关怀备至，极关心农田水利，天旱则不辞年老体弱，亲往苍山花甸坝寻找水源。达官贵人求见不得，而蓑衣草履、老农渔樵则可以随时穿堂入室，他倒屣相迎，与之谈笑风生。尝有渔民请杨士云吃包谷掺糙米饭，杨士云曰："此名'夹金铰银饭'"。

杨士云忧国忧民，关心民间疾苦，他的许多作品与现实生活有关，如《望雨》等诗即反映出他悯农的心情：

> 花柳烟云似画图，
> 垄头忍见麦苗枯。
> 东风莫称游人意，
> 好雨何当一阵苏。

赵甲南

赵甲南（1874—1959），字冠三，自号龙湖居士，喜洲大界巷人，清末民初著名的白族学者。

他出身书香世家，祖父赵廷俊为前清进士，曾任陕西兴安府知府，父亲赵景温为光绪乙亥举人，曾任易门县教谕、云州学正等职，民国元年一度任大理县议会副议长。赵甲南四岁丧母，由继母王氏抚养成人，他一生对继母至尊至孝，无微不至。赵甲南五岁入父馆侍读，聪慧异常，对《四书》、《五经》过目不忘，背诵如流。十五岁入县学，十九岁癸巳乡试中举人，乡人以"父子举人"相誉。

光绪二十年（1894）冬，赵甲南入京会试，翌年五月二日参加了康有为、梁启超召集的"公车上书"，发动云南应试举人签名。光绪三十年（1904），与周钟岳、陈文翰、张华澜三人由云南省选送日本留学，入日本弘文学院师范班，以物理为专业。他勤奋学习，与张耀曾、章士钊过从甚密，由此奠定民主主义信仰的基础。

赵甲南

毕业回国后，赵甲南先后出任四川贡井盐津官、云南永昌厘金官、禄丰县知事、云南省政府咨议官等职。民国五年（1916）之后，他眼见军阀混战，社会黑暗，外敌入侵，生灵涂炭，国事日非，便决意全力从事教育，为国培育英才，将振兴中华的重任，寄希望于青年一代。他先后担任省立蒙自中学、大理中学、大理师范等校长，主讲国文。还重金聘请优秀教师，精心讲授近代科学文化，启发学生的民主思想和爱国热情。并提倡平民教育，给予寒门学子资助完成学业。同时还倡导学校发展体育教学，任大理中学校长期间，学校连年在全省运动会上夺得排球冠军。他精心施教，桃李满门，学生之中英才辈出，大理的周保中、文山的楚图南等许多爱国志士都出自其门下。

1924 年，他受云南教育司长董泽之邀，任中等教育科科长，主管全省中等教育。其后，又在交通司里任路政科科长，力主发展交通为富滇大计，主张修筑滇西公路。他督修了昆明至碧鸡关一段公路，是云南兴建公路之肇始。

1937 年，赵甲南告老还乡，潜心研究白族文化，详细考察白族的古迹、风俗习惯、生活方式，写了大量的诗词歌赋及许多有关研究文章。滇西一带的许多碑铭都出自他的手笔。赵甲南见解精辟独到，又有一笔出众的书法，堪称珠联璧合，其诗词文章，后来编成了《龙湖丛稿》十余卷。他主张文体忌奢靡，以桐城派为宗，行文力求言简意赅，字少意多，避用典故，晚年更是主张通俗化、大众化。

他关心民间生活，反对豪绅欺压百姓。民国时期，喜洲凤阳、江渡两村因争水碓及水源，受当地乡绅挑拨，几至械斗，他出面平息纷争，晓以利害得失，使之合理解决。大理、邓川、洱源三县在新中国成立初期争执水源，他根据文献指出花甸自古有分水标记，经查是实，使争端顺利解决。他爱国爱乡，关心地方发展，晚年将珍藏的数千册善本书籍捐献给了大理县图书馆。他是开明的无党派人士，被聘为云南省文史馆馆员，还被选为大理县人民代表，以渊博的文史知识贡献于社会。1959年，赵甲南在故乡喜洲病逝，终年八十五岁。他操守高洁，思想进步，道德文章，人所景仰。

赵府进士匾

张耀曾

张耀曾（1885—1938），字蓉溪，又字镕西，喜洲翔龙村人，是民国时期著名的爱国民族人士。

张耀曾从小聪明好学，十六岁入京师东文学社，十八岁即考入刚开办不久的大学堂。未几，以成绩最优选派入日本东京帝国大学留学。同云南革命青年李根源、赵坤等创办革命刊物《云南》杂志。手定发刊词，刊登鼓吹革命、激发爱国热情的文章，使《云南》杂志成为传播民主革命思想、号召青年投身民主革命的号角。《云南》杂志共办 23 期，不但在留学生中有很大影响，也使云南青年受到了民主思想的教育和熏陶，为云南的辛亥重九起义、反袁护国运动打下了一定的思想舆论基础。

在孙中山的领导下，张耀曾参加了同盟会。辛亥革命后，同盟会改组，成立以孙中山为首的中国国民党，张耀曾被选为总干事，兼任政务研究室主任，参与了国民党建党初期的活动，成为孙中山的得力助手。1913 年，国会成立，张耀曾代表云南为国会议员、参议院议员，被选为参议院法制委员长，亲手草拟《临时约法》。后又任众议院议员，起草宪法，亲手拟定《天坛宪法草案》，主张"先宪后选"，把议会制民主的思想精神更加条理化、具体化。

袁世凯窃国之后，排挤革命志士，国民党与国会同遭解散，他只得东渡日本继续求学。归国后任北京大学教授，兼法科学长。1916年袁世凯死后，黎元洪任总统，张耀曾任司法总长。1923年，曹锟贿选总统，他致电反对。1924年直奉战争，曹锟倒台，北京人心惶惶，张耀曾与黄郛、王正廷、李书城、易培基等人在冯玉祥的支持下，组织临时内阁，摄行大总统职权，复受命掌司法。故当时的一些重要政令均出自他们之手。

　　段祺瑞执政，张耀曾移居上海，执律师事务兼任大学教授。1937年"卢沟桥事变"之后，他被任命为国防参议会议员和民国参政会参政员。当时，日本侵略者已占据上海，他虽身居虎口，然心思抗战，对国难忧心如焚，明确表示"不误国，不卖身、不做官、不见日本人"，表现了中国人的崇高民族气节。

　　1938年7月26日，张耀曾忧愤成疾，病逝于上海。张耀曾是著名的政治活动家、法学家、爱国主义思想家，著有《考察司法记》、《列国在华领事裁判权志书》、《民法讲义》、《知非集》等。

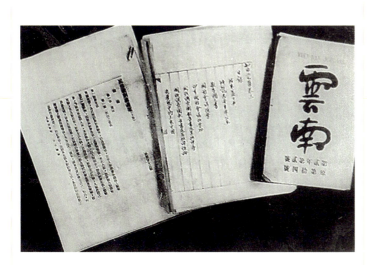

1
　2

1. 张耀曾
2.《云南》杂志

古镇保护

喜洲古镇

喜洲是云南著名的历史文化名镇。作为大理白族社会的重要载体，经过千百年的物质与文化的积累，喜洲如今已成为白族聚居、生息和生产活动最典型的代表之一，并在民族传统文化的传承以及保持文化多样性特征等诸多方面起着重要的作用。然而，近三十余年来，随着社会变革的加剧和经济建设的快速发展，喜洲的原有风貌正在发生改变，许多独具特色的民族传统文化也在迅速消失。在乡村建设的大潮中，如何继承和发扬民族文化的个性而不至于沦为平庸无味、千村一色，是当前经济社会发展过程中面临的重要课题。因此，就古镇的保护进行思考，无疑具有积极的现实意义。

古镇的价值

喜洲古镇在时间上的延续性和空间上的稳定性，使之成为传承地方民族文化的载体，作为白族重要的历史文化村镇，喜洲在社会、文化、科技等多个层面上具有重要价值。

历史价值

2002 年 10 月颁布的《中华人民共和国文物保护法》规定：保存文物特别丰富并且具有重大历史价值或者革命纪念意义的城镇、街道、村庄，可由省、自治区、直辖市人民政府核定公布为历史文化街区或村镇。这一规定从国家法律的层面明确指出，历史价值是核定历史文化村镇的重要条件。喜洲作为大理地区历史最为悠久的村镇之一，有着极为丰厚的历史价值，这些历史价值来源于其发展过程中保留下来的各种历史活动的信息。例如，通过镇内"官充"的巷名和周边"城北"、"城东"、"城南"等村名，我们可以大致推断出南诏时期"大厘城"的范围和规模；而通过"市坪街"上的几座宗祠，则可以探寻喜洲白族大姓的源流和不同血缘群体之间的关系。这些深具历史价值的信息，对于研究大理白族社会、经济、文化等各方面情况的重要意义是不言而喻的。

1
2

1. 古戏台
2. 城东村

规划价值

　　费孝通先生在《乡土中国·生育制度》一书中说，小农经济、相互协作、安全、土地平等继承的需要，是中国农民聚村而居的主要原因。聚村而居的一个结果，就是规划在村镇选址、布局中的作用日益突出，并由此形成了以"风水"面貌出现的一系列规划的标准和原则。在这些标准和原则的影响下，主题明确、布局合理的规划成为了历史文化村镇特有的价值。喜洲是一个少数民族村镇，在规划上很有自己的特点。从格局来看，喜洲的布局较为规整，大致以"四方街"为中心来进行布置，周边则围以通畅的街巷和良好的水系，寺观、宗祠、书院、广场、市集、学校等公共设施一应俱全，井然有序，充分体现出了白族传统村镇借助自然、与山水相结合的规划特点。这种根据周围环境和自身文化的特性来进行

合理布局的原则，对当前村镇的规划建设无疑具有重要的参考价值。

营造价值

民居是人类历史上最早出现的建筑类型，也是村镇结构的主要细胞。历史文化村镇因其悠久的历史，而保留了大量精美的民居建筑。这些民居经过民间艺人长期经验的积累，在设计、材料、结构、施工等方面具有极高的技术含量，并逐渐形成了一种成熟的、独具特色的体系。喜洲民居属典型白族建筑，虽然借鉴了汉族院落式民居建筑的一些特点，但它结合自己的地域环境和文化特性，在平面布局、构架类型、装饰艺术等方面都有所创造和发展，民族风格十分突出。由于商业发达、与外界交往密切，在喜洲为数众多的民居中，还出现了具有西方风格的大门、洋楼和一些规模宏大的大型宅第，如，严家大院、董家大院、杨品相宅、赵府、张仕锃府、尹隆举宅等，在工程营造上均达到了非常高的水平。鉴于喜洲白族民居具有的重大历史文化价值和工程营造价值，

2001 年 6 月，国务院将其核定公布为第五批全国重点文物保护单位。

使用价值

　　历史文化村镇由于保存有丰富的物质和非物质文化遗产，因此，从某种意义上来说，它也具有博物馆的一些职能和特征。但历史文化村镇和博物馆又有很大的区别：博物馆作为公共服务机构，其活动是公益性的，它保藏的文物与文物原来的持有者之间已然没有联系；历史文化村镇作为现实的社区，其活动则是带有惯性的，

1 2
　　3

1.董家大院的外环境改造
2.杨家大院成为喜林苑文化会所
3.耕作田间

民居大门

它保存的遗产和承载的文化仍然与村民的生活有着密切的联系。也就是说，历史文化村镇展示的是活着的文物和活着的文化，它所有的传统，无论是物质的还是文化的，在村镇活动的各方面依然发挥着作用，依然被继续使用着。喜洲白族民居是重要的文物，但在明清以降的一百二十余院民居中，除少数几个院落被挪为他用或作为旅游景点开放外，大部分还是一如既往地为村民所用，也正因为如此，喜洲的文化传统才得以持续不断地传承了下来。

文脉价值

村镇是人类在生态空间的生存标记和聚居形式，是社会与它所处地区的关系的基本表现，也是一个社会文化的基本表现。在时光的堆积中，历史文化村镇将不同地域和民族的文化一脉相沿地传承了下来。从今日村镇的生活实态，我们不难看到祖辈的传统。在历史文化村镇中，知识、信仰、艺术、道德、习俗，所有文化的根源都是有迹可寻的，可以说，历史文化村镇就是一本图像鲜活、真实全面的史学巨著。喜洲所处的洱海区域，从宋代开始就是白族活动的中心区域，因此，喜洲保留着极为丰富的白族社会文化发展的信息。对此，学术界很早就给予了关注。上个世纪40年代，著名人类学家许烺光先生以喜洲为调查地点，通过对喜洲白族家庭生活习俗和宗教活动的分析，写成了《祖荫下》一书，在中国人类学界产生了重要影响。今天，喜洲一如往常地受到社会科学工作者的关注，成为了中国人类学和社会学的田野重镇。

要使喜洲的原有风貌及其民族文化得以传承和延续，采用类似保护文物古迹的办法是远远不够的。历史文化村镇不是一个一成不变的社会实体，在外部环境的影响下，它始终沿着自己的文化惯性在向前发展。因此，在喜洲古镇的保养和维护中，只有因势利导，切合实际，制定具有前瞻性的保护原则，采取适应发展需要的、动态的措施，才有可能取得令人满意的效果。

养用平衡

对于喜洲这样的历史文化村镇而言，在其延续和发展的过程中，如何处理好保护与利用之间的平衡关系是非常关键的。近二十余年来，由于旅游开发的泛滥和影响，

民居大门与照壁

过分强调历史文化村镇的利用价值的情况时有发生，从而造成了许多开发性或建设性的破坏。另一方面，随着收入水平的不断提高，一些率先富裕起来的农民，用自己的劳动所得，着手建造房屋以改善住居条件，一批具有"现代风格"的民居建筑在历史文化村镇中如雨后春笋般地涌现出来。在这种情势下，首先被改变的是历史文化村镇的物质空间形态，而物质空间形态的改变则意味着人们价值取向的转变，接下来，历史文化村镇所具有的文化价值和传统特色也必然会有所丧失。因此，如何把握好利用的"度"，是达成养用平衡的关键所在。实际上，养用平衡要解决的问题有两个，一是保护与旅游开发的关系，二是保护与生活发展的关系。这两方面的问题处理好了，历史文化村镇的保护、利用才能形成双向的良性互动机制。

强调整体

喜洲古镇的价值来源于其历史的积累，也来源于它作为一个社区在社会、经济、文化等方面的完整性。但从以往的情况来看，在历史文化村镇保护中被提及的往往是其物质形态的那一方面，如一些规模较大、装饰豪华或具有特殊历史意义的建筑，而周围环境的作用却常常被忽视。事实上，建筑作为历史文化村镇的一部分，其存在的方式并不是孤立的，一个建筑只有和周围环境有机地结合在一起，才能体现出它的价值和意义。同样，历史文化村镇作为一个完整的系统，也是不可分割的。我们知道，这一村镇之所以是此村镇而不是彼村镇，就是因为它具有自己的建筑、自然环境和历史文化传统。因此，这些因素一旦被改变或发生了分离，历史文化村

1 2

1.保护要整体规划
2.列入国家级非物质文化遗产保护名录的绕三灵

镇原有的物质文化形态也就失去了存在的基础，而夹带在建筑物或其他环境中的大量历史信息亦将不可避免地被丢失。在这样的情况下，仅仅对历史文化村镇的某些个局部进行保护显然是不够的。

注重多样

我国历史文化村镇的类型十分丰富，根据其形成历史、自然、人文以及它们的物质要素和功能结构等特点，有专家将其划分为建筑遗产型、民族特色型、革命历史型、传统文化型、环境景观型、商贸交通型六大类。因此，在历史文化村镇的保护过程中，应尽可能地使保护的对象多样化。这样，在历史文化村镇所蕴含的文化价值被完整保存的同时，其不同的个性才能得到充分展现。喜洲是白族聚居的主要区域之一，除了古镇之外，风貌独特的历史文化村落也还很多。如周城、庆洞、沙村、金圭寺等村落，自身的特点也很鲜明，保护利用的价值是十分高的。周城靠近国内外著名的风景点蝴蝶泉，不仅风光秀美，"五朵金花"的故事闻名遐迩，也是白族传统手工艺——扎染最重要的传承地。庆洞虽然是个极小的村落，但却是白族"绕三灵"活动的中心，对人们了解大理白族的宗教信仰和民族节庆的发展与变迁具有重要的价值。沙村的鱼鹰养殖，从高原淡水湖泊的层面来看，就全国而言都有保护的意义。金圭寺的毛毡制作工艺,从南诏、大理国传承至今，已逾千余年，是西南地区重要的民族手工艺，近年来，因销售市场大幅萎缩，已面临即将失传的威胁。由于不同的村镇能够凸现传统民族文化的不同侧面，因此，要使某个地区的历史文化得到完整的、系统的反映，就必须让保护的对象呈现出多样化的特征。

情况普查

由行政部门组织，专家参与，村民配合，对喜洲古镇进行科学、系统和全面的普查，是保护工作的一个重要基础。文化遗产保护做得较好的西方各国和亚洲的韩、日等国，基本上都有过情况普查的经历，如法国在上世纪 60 年代就对自己的文化遗产进行了大普查。虽然这次普查只是一种技术层面的统计工作，但它在唤起法国民众的文物意识，帮助政府评估本国文化资源等方面，确实发挥了重要作用。为了使普查工作能够有效开展，首先要组建由历史、民族、考古、建筑等相关学科专家组成的队伍，制定出详细的普查计划，然后有组织、有

保护要保持多样性

步骤地对喜洲古镇的物质文化，地理环境、人文环境等方面的情况进行系统的调查，最终通过对普查材料的分析，制定出科学通用的标准，在摸清家底，做到心中有数的同时，达到促进历史文化村镇保护的目的。

法律文件

历史环境的保护，有赖于法律制度的支持。法、日等国的历史文化村镇之所以得到有效保护，最主要的一个原因就是因为政府通过立法，对其进行了卓有成效的管理。早在1840年，法国就颁布了《历史性建筑法案》，法案规定不论公物和私产，一旦被历史建筑管理局认定为历史建筑，就不得再拆毁，对它的维修费用将由政府资助其一部分或全部。日本从1968年开始制定自己的市町村保护条例，如《古川町传统故里景观条例》规定，政府有权对町内大规模的开发项目实行严格审查；为了保持中心区建筑立面细部的传统设计，还特别制定了相应的补助金制度。从国外的经验不难看出，法律措施在保护工作中起到了重要作用。有关喜洲古镇保护的法律

文件应该包括以下几个部分：保护区域的认定和规划；保护、利用的目的和原则；使用和修缮的措施；资金来源；管理机构的组成和职能等。

机构建设

历史文化村镇因其自身所具有的多重角色，在我国分属若干部门管理，但分管的结果常常会导致各部门之间的推诿扯皮，致使简单的问题复杂化。从目前的情况来看，城建、旅游、文物等部门都涉及历史文化村镇的保护与利用，但是在实际工作中，职能重复、责权不明的情况亦非常突出。由于各部门多从自己的角度和利益出发看待问题，因此，它们之间经常会出现一些矛盾。矛盾产生后，为了推卸责任，又往往造成管理上的真空。针对这一情况，成立职能专一的历史文化村镇保护委员会是十分必要的。该机构作为有关法律文件的执行部门，应有固定的专业人员负责大理各地历史文化村镇的保护工作，负责制定保护区域的规划，组织法律文件的实施，并对实施的情况进行监督。

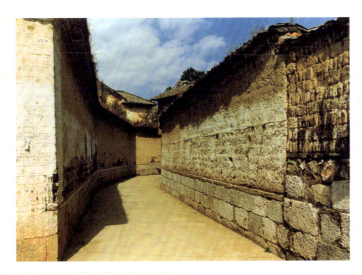

1 2
1.喜洲东门建筑群
2.街道

保护中应注意
的环节

参与

　　村民的历史环境保护意识和参与，对历史文化村镇的保护至关重要。早在上世纪 60 年代，日本各地便掀起了自觉的环境保护运动。运动的主题从反对环境公害开始，其后逐渐转移到历史环境的保护问题上来。通过实践，各地居民对历史环境的重要性有了认识。他们认为，公害是直接危及人类生命、健康的犯罪行为，而历史环境的破坏，则是对居民精神生活的挑战。在他们的努力下，日本各地相继成立了自己的村镇保护协会。这些协会的活动加速了政府的立法进程，对日本历史环境的保护起到了积极的作用。目前，我国民众参与历史文化环境保护的意识还相当淡薄，为了改变这一状况，增进村民对历史文化村镇保护工作的认同，加强村民、尤其是青少年的保护意识的培养，鼓励他们参与到保护工作中来已刻不容缓。

使用

　　由于旅游开发等方面的原因，在当前开放程度较高的历史文化村镇中，逐渐形成了这样一种趋势：历史文化村镇的村民要么改变传统生活，投身于旅游开发的浪潮中；要么退出世代居住的院落，将房产出租给外来者从事经营。在云南丽江，这种情况便很突出，虽然古城的建筑、街巷完整地保存了下来，但其数百年累积下来的种种非物质文化遗产却在不断丧失。历史文化村镇的最大价值，是它的历史和文化的延续性。因此，在喜洲等历史文化村镇的保护与利用中，必须优先考虑这样一

个问题，即历史文化村镇的原有设施在使用上应尽可能地维持原来的面貌，而不能因为旅游开发或其他的需要予以轻易的改变。

修复

建筑是历史文化村镇的重要组成部分，由于自然作用和长期使用的关系，历史文化村镇中的民宅、庙宇、宗祠等建筑都会遭受不同程度的破坏。如何对这些建筑进行科学、合理的修缮，不使其价值因原有面貌的改变而有所损失，是喜洲等历史文化村镇保护过程中面临的一个重要课题。根据 2002 年 10 月颁布的《中华人民共和国文物保护法》中"对不可移动文物进行修缮、保养、

1 2

1. 宗祠

2. 发展中的创新——永祥居的白族门楼

喜

州

迁移，必须遵守不改变文物原状的原则"的规定，结合我国历史文化村镇的建筑多为木结构的特点，在修复工作中，恢复建筑的原状应该是最高要求，保存现状则是最低的要求。原状指的是建筑物原来或最后完成时的面貌，现状则是指建筑物目前存在的面貌。当然，保存现状并不是要置建筑物的损坏于不顾，而是说在具体修复的过程中，应尽力保存建筑物现有的结构、装饰等形式。

1
2 3
　　4

1. 小巷
2. 喜洲民居建筑群
3. 民居屋顶
4. 祖坛

喜

州

开放

　　以保护为基础的开放，是保存历史文化村镇原有风貌和价值的重要条件。这种开放是在不破坏村镇原有古迹和历史文化环境基础上的合理开发，其意义在于不仅能够以文物养文物，而且能获得较好的经济效益。历史文化村镇因范围较大的关系，每年保护所需的资金都不少。对于处于城乡二元结构低端的村镇、特别是经济发展相对滞后的边疆民族地区来说，筹集这样一笔费用是非常困难的，这也是地方政府保护工作中面临的主要问题。所以，对喜洲等历史文化村镇的合理开发，不仅能在一定程度上减低政府在资金上的负担，同时也能带动

旅游等相关产业的发展。此外，广大村民通过合理的开发，也能从中获得利益，这对提高他们保护历史文化村落的积极性是非常有利的。

　　早在上世纪 40 年代，著名古建筑学家梁思成先生即有感于中国生活在剧烈的变化中趋向西化，社会对于中国固有的建筑及其文化多加以普遍的摧残，而四处奔走，大声疾呼。他认为古建筑的保护工作即使为逆时代的力量，却与在大火中抢救宝器名画同样有刻不容缓的性质，这是珍惜、爱护我国珍贵文物的一项神圣任务。七十多年过去了，这句话同样振聋发聩，引人深思，历史文化村镇的保护工作仍然任重道远，喜洲传统文化的保护与社会经济的发展，亦需要人们的关心和爱护。

1 2
1. 喜洲西侧环境大大改善
2. 新时代迎来新发展

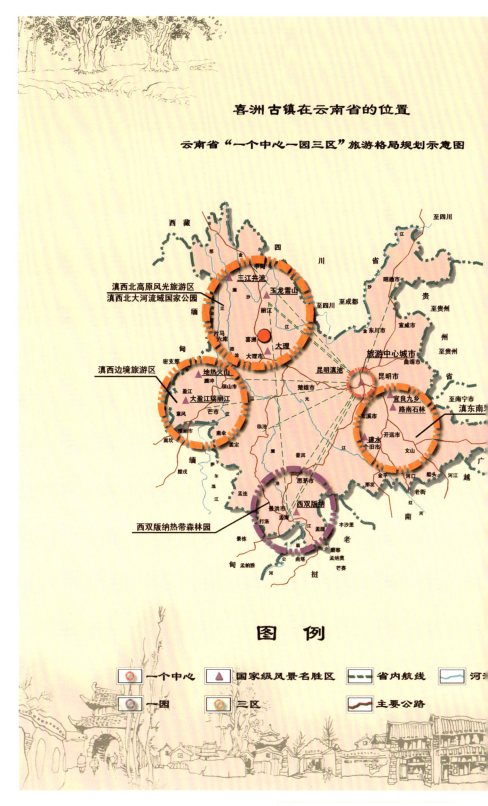

附一 喜洲古镇位置及周边关系示意图

中国民间文化遗产抢救工程 THE PROJECT TO CHINESE FOLK CULTURAL HERITAGES SOS

喜洲古镇在云南省的位置

云南省"一个中心一园三区"旅游格局规划示意图

滇西北高原风光旅游区
滇西北大河流域国家公园

三江并流
玉龙雪山

旅游中心城市

滇西边境旅游区
地热火山
大盈江瑞丽江

宜良九乡
路南石林

西双版纳热带森林园
西双版纳

图　例

| | 一个中心 | | 国家级风景名胜区 | | 省内航线 | | 河 |
| | 一园 | | 三区 | | 主要公路 | | |

喜洲古镇在大理市的位置

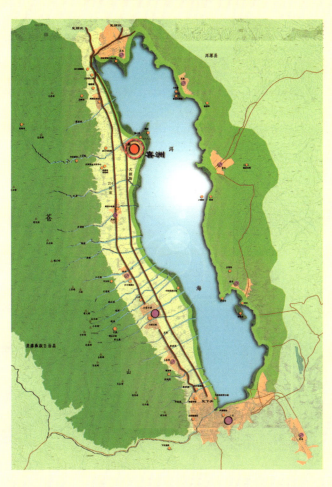

图 例

 主要公路　 主要景点　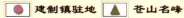 河流

次要公路　建制镇驻地　 苍山名峰

中国民间
文化遗产
抢救工程
THE PROJECT TO CHINESE
FOLK CULTURAL HERITAGES
SOS

附二 喜洲古镇建筑高度控制规划图

古镇核心保护区

古镇保护区：

古镇环境协调区

古镇建设控制区

古镇保护区

古镇核心保护区

古镇保护区

古镇建设控制区

古镇新发展区

古镇环境协调区

古镇建设控制区：

古镇环境协调区：

图例

图例说明：
古镇核心保护区
新发展区
景观界面
古镇保护区
古镇周边

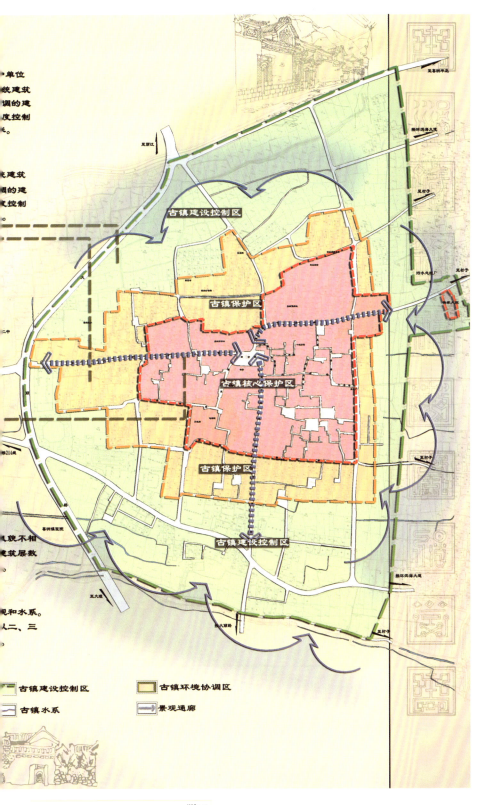

［汉］司马迁：《史记》，中华书局，1982

［晋］常璩，刘琳校注：《华阳国志校注》，巴蜀书社，1984

［唐］樊绰，向达校注：《蛮书》，中华书局，1962

［唐］梁建方：《西洱河风土记》，方国瑜主编，《云南史料丛刊》第2卷，云南大学出版社，1998

［后晋］刘昫：《旧唐书》，中华书局，1975

［宋］欧阳修、宋祁：《新唐书》，中华书局，1963

［宋］司马光：《资治通鉴》，中华书局，1956

［宋］范成大：《桂海虞衡志》，四川民族出版社，1986

［宋］周去非，杨武泉校注：《岭外代答校注》，中华书局，1999

［宋］王若钦等：《册府元龟》，中华书局，1989

［元］脱脱等：《宋史》，中华书局，1977

［元］郭松年，王叔武校注：《大理行记校注》，云南民族出版社，1986

［元］李京，王叔武校注：《云南志略》，云南民族出版社，1986

［明］宋濂等：《元史》，中华书局，1976

［明］杨慎：《滇载记》，方国瑜主编，《云南史料丛刊》第4卷，云南大学出版社，1998

［明］杨慎：《南诏野史》，大理州文化局重印本，1998

［明］王士性：《广志绎》，中华书局，1981

［明］李元阳：《嘉靖大理府志》，大理州文化局重印本，1998

［明］徐弘祖：《徐霞客游记》，上海古籍出版社，2010

［清］张廷玉等：《明史》，中华书局，1974

［清］寂裕：《白国因由》，大理州文化局重印本，1998

［清］师范：《滇系》，云南通志局，1887

［民国］周钟岳，李春龙等校：《新纂云南通志》，云南人民出版社，2003

［民国］周宗麟：《大理县志稿》，大理州图书馆翻印本，1991

许烺光，王芃、徐隆德译：《祖荫下：中国乡村的亲属·人格与社会流动》，台北南天书局有限公司，2001

许烺光，王芃、徐隆德、余伯泉译：《驱逐捣蛋者：魔法·科学与文化》，台北南天书局有限公司，1997

石钟健：《大理喜洲访碑记》，中国边疆问题研究会油印本，1944

杨宪典：《喜洲志》，内部印刷，大理白族自治州图书馆藏本

杨育新：《大理喜洲风物》，云南美术出版社，2000

编纂委员会编：《喜洲镇志》，云南大学出版社，2005

杜昆：《喜洲忆旧》，云南人民出版社，1997

政协大理市第六届委员会编：《重读"新喜洲"》，内部印刷，2007

李正清：《大理喜洲文化史考》，云南民族出版社，1998

张锡禄、张天伦、张锡恩等续修：《大理喜洲翔龙村张氏族谱》，内部印刷，2002

张锡禄、赵勤、尹锦宁辑录：《大理喜洲尹氏存文稿》，内部印刷，2013

赵勤：《喜洲史韵》，云南民族出版社，2007

赵勤：《喜洲白族民居建筑群》，云南民族出版社，1999

薛祖军：《大理地区喜洲商帮与鹤庆商帮的分析研究》，云南大学出版社，2010

方国瑜：《中国西南历史地理考释》（上、下），台湾商务印书馆，1990

王叔武辑著：《云南古佚书钞》，云南人民出版社，1996

尤中：《僰古通纪浅述校注》，云南人民出版社，1989

马曜：《云南各族古代史略》，云南人民出版社，1977

马曜：《大理文化论》，云南教育出版社，2001

马曜：《马曜文集》，云南人民出版社，2008

汪宁生：《云南考古》，云南人民出版社，1980

陈垣：《明季滇黔佛教考》，中华书局，1962

徐家瑞：《大理古代文化史》，云南人民出版社，2005

吴金鼎、曾昭燏、王介忱：《云南苍洱境考古报告》甲编，四川南绿李庄，1942

菲茨杰拉德，刘晓峰、汪晖译：《五华楼》，民族出版社，2006

张旭：《大理白族史探索》，云南人民出版社，1990

编写组：《白族简史》，云南人民出版社，1988

蓝吉富等：《云南大理佛教论文集》，台北佛光出版社，1991

李霖灿：《南诏大理国新资料的综合研究》，台北故宫博物院，1982

古正美：《从天王传统到佛王传统：中国中世佛教治国意识形态研究》，台北商周出版，2003

杨仲录、张福三、张楠主编：《南诏文化论》，云南人民出版社，1991

杨世钰主编，《大理丛书·金石篇》，中国社会科学出版社，1991

赵泽生等编：《大理白族自治州教育志》，云南民族出版社，1992

张锡禄：《南诏与白族文化》，华夏出版社，1992

张锡禄：《大理白族佛教密宗》，云南民族出版社，1999

李东红：《云南乡土文化丛书·大理》，云南教育出版社，2000

侯冲：《白族心史——"白古通记"研究》，云南民族出版社，2002

杨聪：《大理经济发展史稿》，云南人民出版社，1986

李晓岑：《南诏大理国科学技术史》，科学出版社，2010

杨政业：《白族本主文化》，云南人民出版社，1994

赵怀仁等：《大理上下四千年》，民族出版社，2006

云南省编写组编：《白族社会历史调查》（1－4），云南人民出版社，1988

连瑞枝：《隐藏的祖先——妙香国的传说与社会》，生活·读书·新知三联书店，2007

梁永佳：《地域的等级——一个大理村镇的仪式与文化》，社会科学文献出版社，2005

蒋高宸主编：《云南大理白族建筑》，云南大学出版社，1994

张金鹏、寸云激：《民居与村落——白族聚居形式的社会人类学研究》，云南美术出版社，2002

寸云激：《白族的建筑与文化》，云南人民出版社，2011

凌纯声：《唐代云南的乌蛮与白蛮考》，《人类学集刊》，1938

包鹭宾：《民家非白国后裔考》，《西南边疆问题研究报告》，1942

方国瑜：《略论白族的形成》，《云南白族的起源和形成论文集》，云南人民出版社，1957

秦凤翔：《略论白语的系属问题及白族的形成》，《云南白族的起源和形成论文集》，云南人民出版社，1957

杨堃：《试论云南白族的形成和发展过程》，《云南白族的起源和形成论文集》，云南人民出版社，1957

王叔武：《关于白族族源问题》，《历史研究》，1957

古正美：《南诏、大理的佛教建国信仰》，"剑川石钟山国际学术研讨会"学术论文，云南剑川，2001

李缵绪：《白族"本主"文化简论》，《白族学研究》，1996.10

李东红：《白族本主崇拜思想刍议》，《云南民族学院学报》，1991.2

侯冲：《剑川石钟山石窟及其造像特色》，《民族学通报》（第1辑），云南大学出版社，2001

张锡禄：《苍洱地区居址环境的历史变迁》，《大理洱海科学研究》，民族出版社，2003

王翠兰：《大理白族民居的建筑特色》，《大理建筑文化论》，云南民族出版社，2006

在大理诸多历史文化村镇中，喜洲是被学术界关注最多的一个。早在上世纪40年代，著名人类学家许烺光先生即以喜洲为田野点，撰写了《祖荫下》（*Under the Ancestors' Shadow*）一书，在国内外学术界产生广泛影响。其后，参与喜洲研究的学者日众，研究成果亦如雨后春笋一般层出不穷，喜洲业已成为研究西南地方社会与白族历史文化的一个重镇。

2012年9月，承蒙大理州白族文化研究所赵寅松先生抬爱，邀我参加《中国历史文化名城·名镇·名村全书》大理项目，负责《中国名镇·云南喜洲》一书的编撰工作。喜洲虽是我从事民族学研究的长期的田野点，但对于能否完成好这项工作，我心里是很忐忑的。毕竟，有关喜洲的专著与论文已经不少于数百种，对于喜洲的历史文化，亦有不同侧面的研究成果面世，要想有所突破，谈何容易。此外，喜洲的历史文化积淀非常深厚，如何全面反映喜洲社会文化的全貌，同时又能体现其自身的文化特点，也是本书面临的一大难题。

由于其他工作的关系，再加上笔者能力有限，《中国名镇·云南喜洲》一书写写停停，竟然历时两年有余方告完成。这期间，赵寅松先生不离不弃，给予了大量的鼓励和宽容，让我备感温暖。《中国名镇·云南喜洲》的出版，还得到了诸多学界前辈和朋友的帮助。杨亮才先生、赵寅松先生、施立卓先生就本书的内容提出了宝贵的意见；杨伟林先生为本书提供了不少精美的图片；杨宪典先生、杨育新先生等的成果为本书提供了有益的素材；大理州白族文化研究院的各位同仁为项目的顺利实施做了大量工作；而喜洲的乡亲们在调查中始终给予了我巨大的帮助。另外，是知识产权出版社孙昕女士等人的认真编校与精心设计，才使得本书更臻完善并得以出版。对此，我深表谢忱。

最后，还要感谢妻子何雯一直以来对我的坚定支持，没有她为家庭的巨大付出，就不会有我在学术道路上的前行。

寸云激

2014年2月16日于大理古城

责任编辑：孙　昕　　　　　　　　　　责任出版：卢运霞

文字编辑：杨亮才　　　　　　　　　　装帧设计：北京颂雅风文化传媒有限责任公司

图书在版编目（CIP）数据

中国名镇·云南喜洲 / 罗杨总主编 . —— 北京 : 知识产权出版社，2013.7

（中国历史文化名城·名镇·名村全书）

中国民间文化遗产抢救工程

ISBN 978-7-5130-1958-3

Ⅰ . ①中　Ⅱ . ①罗　Ⅲ . ①乡镇－概况－大理市　Ⅳ . ① K928.5

中国版本图书馆 CIP 数据核字 (2013) 第 052489 号

中国历史文化名城·名镇·名村全书

中国名镇·云南喜洲

ZHONGGUO LISHIWENHUA MINGCHENG MINGZHEN MINGCUN QUANSHU

ZHONGGUO MINGZHEN YUNNAN XIZHOU

中国民间文艺家协会　组织编写

总主编　罗　杨

撰稿人　寸云激

出版发行：知识产权出版社有限责任公司

社　　址：北京市海淀区马甸南村 1 号　　　　邮　　编：100088

网　　址：http://www.ipph.cn　　　　　　　邮　　箱：bjb@cnipr.com

发行电话：010-82000860 转 8101/8102　　　传　　真：010-82005070/82000893

责编电话：010-82000889 82000860 转 8111　责编邮箱：sunxinmlxq@126.com

印　　刷：天津市银博印刷技术发展有限公司　经　　销：新华书店及相关销售网点

开　　本：787mm×1092mm　1 / 16　　　　　印　　张：15.5

版　　次：2014 年 3 月第 1 版　　　　　　　印　　次：2014 年 3 月第 1 次印刷

字　　数：169 千字　　　　　　　　　　　　定　　价：80.00 元

ISBN 978-7-5130-1958-3